Gemeinden in Europa

Vergleich und Auswertung der Vor- und Nachteile kommunaler Strukturen in Europa - dargestellt an ausgewählten Projekten aus Rheinland-Pfalz und dem Elsass

Karl-Heinz Schoon

Gemeinden in Europa

Vergleich und Auswertung der Vor- und Nachteile kommunaler Strukturen in Europa - dargestellt an ausgewählten Projekten aus Rheinland-Pfalz und dem Elsass

Masterarbeit für den Master-Studiengang Europäisches Verwaltungsmanagement am Fernstudieninstitut der Hochschule für Wirtschaft und Recht Berlin, Studienzentrum Saarbrücken.
Erstgutachter: Dr. Alexander Wegener
Zweitgutachterin: Prof. Dr. Daniela Heid
Vorgelegt am: 19. Juli 2013

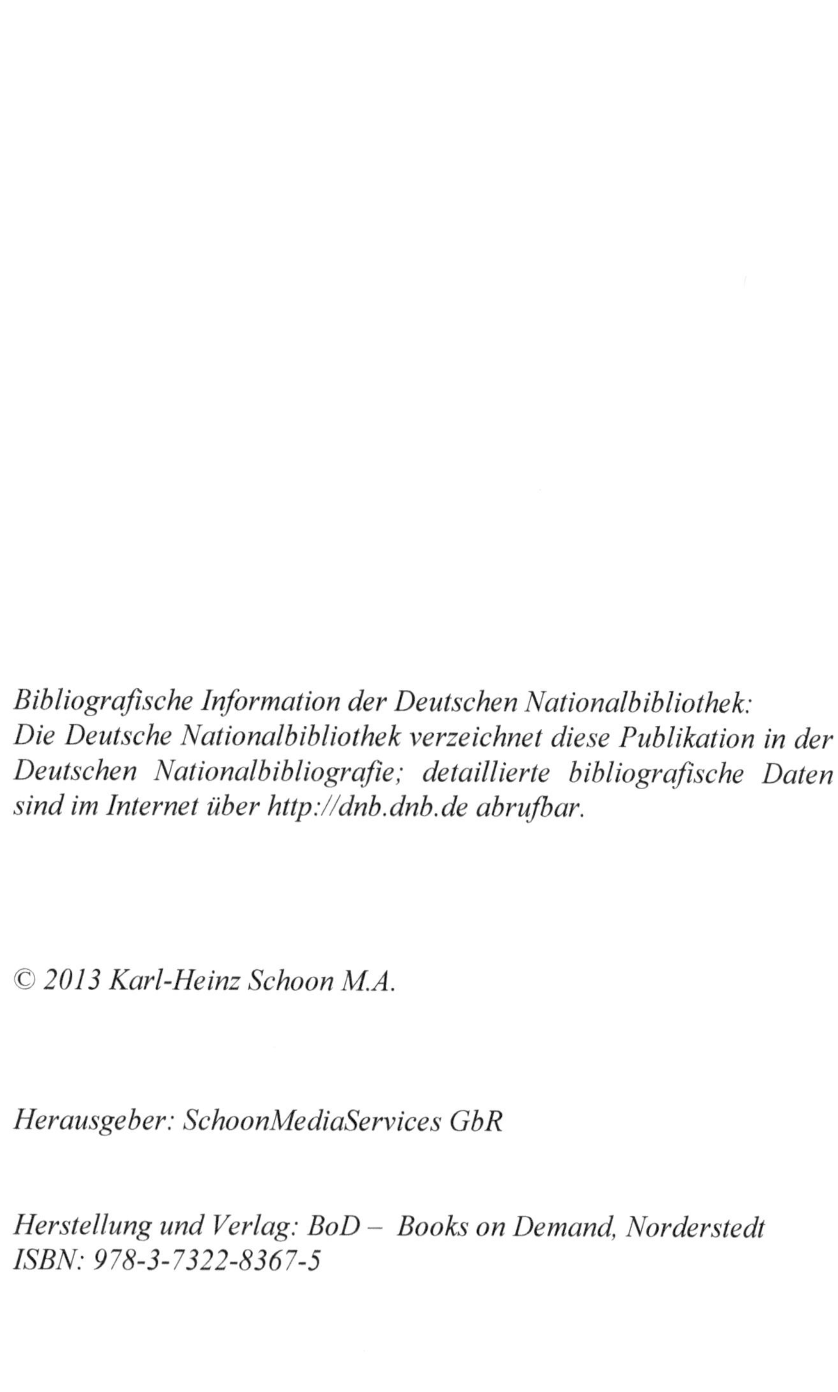

Bibliografische Information der Deutschen Nationalbibliothek:
Die Deutsche Nationalbibliothek verzeichnet diese Publikation in der
Deutschen Nationalbibliografie; detaillierte bibliografische Daten
sind im Internet über http://dnb.dnb.de abrufbar.

Herausgeber: SchoonMediaServices GbR

Herstellung und Verlag: BoD – Books on Demand, Norderstedt
ISBN: 978-3-7322-8367-5

Inhaltsverzeichnis

Abkürzungsverzeichnis

ADD	Aufsichts- und Dienstleistungsdirektion
AdR	Ausschuss der Regionen
BIP	Bruttoinlandsprodukt
CEMR	Council of European Municipalities and Regions
DDE	Direction Départementale d´Equipment
EFRE	Europäischer Strukturfonds für regionale Entwicklung
EU	Europäische Union
EUV	Vertrag über die Europäische Union
GemO	Gemeindeordnung für Rheinland-Pfalz
GG	Grundgesetz
IMI	Internal Market Information System
KGSE	Konförderation der Gemeinden und Städte in Europa
LAU	Local Adminstrative Units
LV	Landesverfassung von Rheinland-Pfalz
NUTS	Nomenclature des unités territoriales statistiques
RGRE	Europäischer Rat der Gemeinden und Regionen Europas
RWB	Regionale Wettbewerbsfähigkeit und Beschäftigung
SCOT	Schéma de Cohérence Territoriale
Scoter	Schéma de Cohérence Territoriale de la Region Strasbourg
SGD	Struktur- und Genehmigungsdirektion
TGV	Train á grande vitesse
VRRN	Verband Region Rhein Neckar

Tabellenverzeichnis

Vergleich und Auswertung der Vor- und Nachteile kommunaler Strukturen in Europa - dargestellt an ausgewählten Projekten aus Rheinland-Pfalz und dem Elsass

1. Einleitung

Der Fernstudiengang Europäisches Verwaltungsmanagement hat zum Inhalt, Europa praxisorientiert zu erklären. Der Erklärungsansatz liegt darin, Europa aus politischer, rechtlicher, soziologischer und ökonomischer Blickrichtung zu betrachten.[i]

Vor diesem Hintergrund will diese Arbeit die unterste Stufe der kommunalen Selbstverwaltung im europäischen Kontext behandeln. Die Praxisorientierung ergibt sich durch die Darstellung des Werdegangs konkreter Projekte. Die Regelungen in den Verfassungen und Gesetzen bilden den rechtlichen Teil ab, die Betrachtung von Geld- und Finanzströmen gibt Aufschluss über ökonomische Größen, die Beteiligung der Bürger stellt den soziologischen Aspekt dar und letztlich erfolgt die politische Sichtweise durch die Darstellung von Wegen der Ideenfindung und Entscheidungen in formeller und informeller Sicht.

Diese Arbeit soll einen Beitrag dazu leisten, das Verständnis dafür zu schärfen, wie Kommunalpolitik in Europa funktioniert. Dieser Aspekt gewinnt allein schon dadurch an Bedeutung, dass es erklärte Politik aller Institutionen der Europäischen Union (EU) ist, sehr viel stärker als bisher in den direkten Kontakt mit den Bürgerinnen und Bürgern der Mitgliedstaaten der Europäischen Union zu treten. Diese Absicht findet sich in vielen Erklärungen wieder und ist hoffentlich nicht nur den anstehenden Wahlen zum Europaparlament im Jahre 2014 geschuldet. Die Europäische Union insgesamt zu erklären ist schon nicht einfach. Mit einem ausgeprägten Verständnis dafür, wie die Dinge auf der untersten kommunalen Ebene funktionieren und zusammengehören, ist es möglich, das Funktionieren und Zusammenwirken von nun 28 unterschiedlichen europäischen Staaten einzuordnen und zu verstehen. Der Schlüssel liegt im unmittelbaren Lebensumfeld der Menschen verborgen. Ausgehend von der kommunalen Lebenswirklichkeit kann es gelingen, zu den komplexen Mechanismen auf europäischer Ebene vorzustoßen.

Gegenstand dieser Arbeit sind kommunale Strukturen in Deutschland und Frankreich. Während Deutschland ein föderaler Bundesstaat ist, versteht sich Frankreich als einheitlicher Zentralstaat. In Deutschland ist das Bundesland Rheinland-Pfalz ausgewählt und in Frankreich die Region Elsass. Der Reiz liegt darin, dass die beiden Regionen direkt aneinander grenzen, zum Teil gemeinsame geschichtliche Phasen erlebten und doch unterschiedlich strukturiert sind. Eine anfängliche Überlegung, eine Stadt in Ungarn als dritte Kommune aus einem europäischen Mitgliedsstaat in die Betrachtung mit einzubeziehen wurde verworfen, weil dies den Umfang einer Masterarbeit sprengen würde bzw. die Darstellungen dann notwendigerweise zu oberflächlich hätten ausfallen müssen. Außerdem wäre die Quellenarbeit mit erheblichen Sprachproblemen verbunden gewesen.

In dieser Masterarbeit soll dargestellt werden, wie sich die kommunalen Strukturen in den beiden Regionen aufbauen. Hierbei soll anhand konkreter Beispiele untersucht werden, welche Stufen der kommunalen Selbstverwaltung existieren, wie sie aufeinander aufbauen und wie die Verzahnung mit staatlicher Verwaltung funktioniert.

Durch das Beispiel konkreter Projekte ergibt sich ein Bild über die Anzahl, die Art und die Dauer der Beteiligung kommunaler Selbstverwaltungsorgane und staatlicher Stellen in Bezug auf die Planung, Genehmigung, Finanzierung und Ausführung komplexer Projekte.

Diese Art der Betrachtung hat zum Ziel darzustellen, wieweit sich die stark föderalen Strukturen in Deutschland/Rheinland-Pfalz von den eher zentralistischen Strukturen in Frankreich/Elsass unterscheiden bzw. wo es Gemeinsamkeiten gibt. Es wird der Versuch unternommen, die Unterschiede als Vor- oder Nachteil zu bewerten. Maßstab hierbei ist zum einen wieweit die Vorgaben aus den Verfassungen umgesetzt sind und zum anderen die Abläufe, die sich bei der Umsetzung von komplexen Projekten in den unterschiedlichen Staats- und Kommunalstrukturen ergeben.

In den Vergleich sollen die Erschließung eines Gewerbegebietes und die Sanierung alter Bausubstanz zum Kulturhaus in der rheinlandpfälzischen Ortsgemeinde Schönenberg-Kübelberg einerseits und andererseits der Bau eines kommunalen Sport- und Freizeitcenters und die Sanierung eines alten Schulgebäudes zu einer Nachmittagsbetreuung für Schulkinder in der Gemeinde Gries/Elsass einfließen. Diese Projekte liegen in der Verantwortung der jeweils untersten kommunalen Ebene und sind verzahnt im Genehmigungs- und Durchführungsprozess mit zahlreichen übergeordneten kommunalen Stufen aber auch mit staatlichen Stellen und Ministerien.

Der Zugang zu den Informationen ergibt sich über eine langjährige Städtepartnerschaft bzw. über eigene Erfahrungen.

2. Aufbau der kommunalen Strukturen in Rheinland-Pfalz und im Elsass

2.1 Europäische Vorgaben für die kommunale Verfassung

In einem ersten Schritt sollen hier einige Grundlagen für die kommunale Selbstverwaltung im europäischen Zusammenhang dargestellt werden. Diese bilden den gemeinsamen Rahmen, in dem sich die Gemeinden, Städte und Regionen der Mitgliedstaaten der Europäischen Union bewegen und entfalten können.

2.1.1 Die Europäische Charta der Kommunalen Selbstverwaltung[ii]

Der Europarat hat 1985 in Straßburg eine Europäische Charta der kommunalen Selbstverwaltung beschlossen.[iii] Diese Charta sagt bereits in ihrer Präambel aus, dass die kommunalen Gebietskörperschaften eine der wesentlichen Grundlagen demokratischer Staatsformen sind. Durch die Mitwirkung der Bürgerinnen und Bürgern an den öffentlichen Angelegenheiten realisieren sich die Grundsätze von Demokratie und Dezentralisierung von Macht. Demnach erhalten die Kommunen ihre starke Stellung durch

- einen grundsätzlichen Bestandsschutz,
- demokratisch bestellte Entscheidungsorgane,
- weitgehende Selbständigkeit für ihre Zuständigkeiten und
- Zusicherung die erforderlichen Mittel zur Aufgabenerfüllung.

Im weiteren Vertragstext der Charta wird den Kommunen die grundsätzliche Zuständigkeit für alle Aufgaben zugestanden, soweit sie nicht ausdrücklich durch Gesetz anderen Stellen vorbehalten ist. Die Grundsätze für die Bestellung der Vertretungsorgane sehen freie, geheime, gleiche, unmittelbare und allgemeine Wahlen vor. Die Kommunen haben einen Anspruch auf eine angemessene Verwaltungsstruktur und eine angemessene Ausstattung mit Eigenmitteln zur freien Verfügung im Rahmen ihrer Zuständigkeiten. Die Charta der kommunalen Selbstverwaltung beinhaltet auch das Recht der Kommunen, Hebesätze für kommunale Steuern und Gebühren selbst festzusetzen. Die Aufsicht über die kommunalen Selbstverwaltungsangelegenheiten kann nur eine Rechtsaufsicht sein. Lediglich bei übertragenen Aufgaben ist eine Überprüfung auch der Zweckmäßigkeit, also eine Fachaufsicht, durch eine Aufsichtsbehörde zulässig.[iv] Der Unterschied liegt darin, dass sich die Rechtsaufsicht auf die verfassungsrechtlich garantierten Selbstverwaltungsaufgaben bezieht und die Aufsichtsbehörde lediglich befugt ist, die Übereinstimmung des gemeindlichen Handelns mit dem geltenden formellen und materiellen Rechts zu überprüfen. Die Fachaufsicht, die sich auf die übertragenen staatlichen Aufgaben bezieht, ist tiefergreifend. Hierbei wird auch geprüft, ob beispielsweise das eingeräumte Ermessen fehlerfrei angewandt wurde und wieweit das gemeindliche Handeln zweckmäßig war.[v]

2.1.2 Vertrag von Lissabon

Im Vertrag über die Europäische Union (EUV), dem sogenannten Vertrag von Lissabon, in Kraft getreten am 1. Dezember 2009, ist erstmals in der Geschichte der EU die kommunale Selbstverwaltung im Primärrecht der EU erwähnt. In Artikel 4 Absatz 2 EUV wird die EU verpflichtet, die Identität der Mitgliedstaaten unter Einschluss der regionalen und lokalen Selbstverwaltung zu achten. In Artikel 5 Absatz 3 EUV wird die regionale und lokale Ebene ausdrücklich in die Geltung des Subsidiaritätsprinzips miteinbezogen. Darüber hinaus werden der Europäischen Kommission durch ein „Protokoll über die Anwendung der

Grundsätze der Subsidiarität und der Verhältnismäßigkeit", das Bestandteil des Lissabon-Vertrages ist, verbindliche Vorgaben gemacht, wie sie dieses Prinzip zu handhaben hat und welche Kriterien die Subsidiaritätsprüfung eines Vorhabens der Kommission erfüllen muss. Ein weiteres Element der kommunalen Dimension im Lissabon-Vertrag ist die an die EU-Organe gerichtete Verpflichtung zu einem offenen, transparenten und regelmäßigen Dialog mit den repräsentativen Verbänden und der Zivilgesellschaft in Artikel 11 Absatz 2 EUV und zu umfangreichen Anhörungen in Artikel 11 Absatz 3 EUV. Dieses Konsultationsgebot ist eine wesentliche Voraussetzung, um kommunale Belange im europäischen Gesetzgebungsprozess zu Gehör zu bringen. Der Ausschuss der Regionen erhält ein Klagerecht bei behaupteten Subsidiaritätsverletzungen in Artikel 8 des Protokolls über die Anwendung der Grundsätze der Subsidiarität und der Verhältnismäßigkeit. Das bedeutet nicht nur eine Aufwertung dieses Organs, sondern ist auch aus formaljuristischer Perspektive das schärfste Instrument der Verteidigung kommunaler Belange in der Europäischen Union. Das Bundesverfassungsgericht hat am 30. Juni 2009 den Vertrag von Lissabon für verfassungsgemäß erklärt. Strittig war die Frage, wieweit die in Artikel 26 und Artikel 119 EUV formulierte Verpflichtung der Europäischen Union einen Binnenmarkt mit offener Marktwirtschaft und freiem Wettbewerben zu schaffen, mit der Achtung der kommunalen Selbstverwaltung im Einklang steht.[vi]

2.2 Gemeinden in Europa

Die Interessen der Gemeinden in den europäischen Mitgliedstaaten werden in verschiedenen Organisationen gebündelt. Einige dieser internationalen und europäischen Organisationen sind hier benannt.

2.2.1 Der Ausschuss der Regionen

Der Ausschuss der Regionen (AdR) ist eine politische Versammlung, die die lokalen und regionalen Gebietskörperschaften im institutionellen Gefüge der Europäischen Union vertritt. Der AdR wurde 1994 aus zwei Erwägungen heraus errichtet. Zunächst einmal erschien es sinnvoll, dass die Interessen der Gemeinden, Städte und Regionen bei der Konzipierung neuer EU-Vorschriften einfließen, da drei Viertel der EU-Rechtsvorschriften auf lokaler oder regionaler Ebene umgesetzt werden. Zum zweiten wurde befürchtet, dass die Union die Menschen auf ihrem Weg in die Zukunft nicht angemessen einbindet. Die Beteiligung der gewählten Mandatsträger und Mandatsträgerinnen, die auf der Ebene mit der größten Bürgernähe tätig sind, wurde als eine Möglichkeit gesehen, diese Distanz zu überbrücken. Die Verträge der EU legen fest, dass die Kommission und der Rat den Ausschuss der Regionen in sämtlichen Bereichen, in denen Legislativvorschläge der EU Auswirkungen auf die regionale und kommunale Ebene haben könnten, um Stellungnahme ersuchen müssen.[vii] Im Vertrag von Maastricht wurden 1992 als fünf derartige Bereiche der wirtschaftliche und soziale Zusammenhalt, die transeuropäischen Infrastrukturnetze, das Gesundheitswesen, die Bildung und die Kultur genannt. Der Vertrag von Amsterdam aus dem Jahr 1999 ergänzte diese Liste um die weiteren Bereiche der Beschäftigungspolitik, der Sozialpolitik, der Belange der Umwelt, der Berufsbildung und des Verkehrs. Die Liste der Themen wurde 2009 im Vertrag von Lissabon abermals erweitert und umfasst aktuell die Themen:

- Allgemeine und berufliche Bildung und Jugendfragen,
- Kultur,
- Gesundheitswesen,
- transeuropäische Netze,
- wirtschaftlicher, sozialer und territorialer Zusammenhalt,
- Umweltschutz- und Energiepolitik,

- Verkehrspolitik und

- Sozial- und Beschäftigungspolitik.[viii]

Damit sind letztlich die größten Teile des Tätigkeitsbereichs der EU abgedeckt.

Kommission, Rat und Europäisches Parlament können den AdR überdies in weiteren Bereichen befassen, wenn ein Legislativvorschlag ihres Erachtens erhebliche regionale oder lokale Auswirkungen hat. Der AdR kann auch Initiativstellungnahmen abgeben und hat dadurch die Möglichkeit, Themen auf die Agenda der Institutionen EU zu setzen.

Die Arbeit des Ausschusses richtet sich an drei Grundsätzen aus:

- **Subsidiarität**: Dieses Prinzip besagt, dass Entscheidungen in der Europäischen Union möglichst bürgernah getroffen werden sollen. Die Europäische Union soll daher keine Aufgaben übernehmen, die auf nationaler, regionaler oder kommunaler Ebene besser wahrgenommen werden können.

- **Bürgernähe**: Sämtliche Ebenen sollen sich um Bürgernähe bemühen, indem sie ihre Arbeit vor allem transparent gestalten, damit die Bürgerinnen und Bürger genau wissen, wer wofür zuständig ist und an wen sie sich mit ihren Anliegen wenden können.

- **Partnerschaft**: Die Zusammenarbeit der gemeinschaftlichen, nationalen, regionalen und kommunalen Ebenen ist die Voraussetzung für solides Regieren in Europa - jede dieser vier Ebenen ist unverzichtbar und sollte in den gesamten Entscheidungsfindungsprozess eingebunden sein.[ix]

2.2.2 Europäischer Rat der Gemeinden und Regionen Europas RGRE

Bereits 1951 schlossen sich in Genf deutsche und französische Bürgermeister/-innen zusammen um einen Beitrag zur Völkerverständigung in Europa zu leisten. Nach der Öffnung für Regionen im Jahre 1984 entstand der Europäische Rat der Gemeinden und Regionen Europas (Council of European Municipalities and Regions – CEMR). Derzeit sind 150.000 Städten, Gemeinden und Regionen aus 41 Ländern Europas direkt oder indirekt durch einen der 57 kommunalen Spitzenverbände vertreten. Diese kommunale Interessenvertretung verfügt über ein jährliches Budget von 2 Millionen Euro, wovon 10 % die EU Kommission aus dem Programm „Europa für Bürgerinnen und Bürger 2007-2013"[x] zahlt. Der Sitz ist in Paris mit einem eigenen Büro in Brüssel. Der Aufgabenschwerpunkt liegt darin, kommunale Selbstverwaltung und Demokratie zu fördern.[xi]

2.2.3 Ausschuss für kommunale Entwicklungszusammenarbeit

Der Ausschuss für kommunale Entwicklungszusammenarbeit wurde im Mai 2011 vom Präsidium des RGRE eingesetzt um die kommunalen Interessen auf nationaler, europäischer und globaler Ebene zu vertreten. Dadurch will man der zunehmenden Bedeutung der kommunalen Entwicklungszusammenarbeit Rechnung tragen. Der Ausschuss für kommunale Entwicklungszusammenarbeit tagt zweimal jährlich. Neben den Beziehungen europäischer Kommunen geht es auch um Projektpartnerschaften zu Kommunen in Asien, Afrika und Lateinamerika. Es gibt eine Projektförderung für Maßnahmen vorrangig in den Partnerländern mit einer Laufzeit von bis zu drei Jahren und einem Fördervolumen von 20.000 bis 50.000 Euro.[xii]

2.2.4 Konföderation der Gemeinden und Städte Europas (KGSE)

Am 15. Februar 2011 wurde in Brüssel die Konföderation der Gemeinden und Städte Europas (KGSE) gegründet. Dieser europäische Dachverband bringt die kommunalen Spitzenverbände aus Europa zusammen, die vor allem die mittleren und kleineren Städte und Gemeinden repräsentieren. Zielsetzung der KGSE ist es vor allem, den kleineren und mittelgroßen Städten und Gemeinden in der Europäischen Union in Brüssel mehr Gehör zu verschaffen und ihren Einfluss auf das politische Geschehen zu verbessern. Dabei stehen Themen wie die Zukunft der Regionalförderung, die interkommunale Zusammenarbeit und die europäische Kooperation der Gemeinden und Städte im Vordergrund.[xiii]

2.2.5 Die Kommunen im Europäischen Binnenmarkt

Die Europäische Kommission hat zusammen mit den Mitgliedstaaten das Binnenmarkt-Informationssystem (Internal Market Information System - IMI) entwickelt, um die Verwaltungszusammenarbeit zwischen den Behörden der Mitgliedstaaten zu verbessern, die Sprachbarrieren zu überwinden und den Austausch von Informationen, die für die Anwendung von Binnenmarktrechts erforderlich sind, zu unterstützen. IMI ist eine Internet-Anwendung, die den Verwaltungen der EU-Mitgliedstaaten kostenlos zur Verfügung steht. Mithilfe einer Datenbank kann die jeweils zuständige Behörde in einem anderen Mitgliedstaat ermittelt werden. An diese kann dann eine konkrete Anfrage – ausgewählt aus einem in alle 23 Amtssprachen übersetzten Fragen-/Antwortkatalog – gesendet werden. IMI ist so konzipiert, dass es für eine Vielzahl von EU-Binnenmarktvorschriften eingesetzt werden kann. Seit 2007 findet es bereits eine Anwendung im Rahmen der Richtlinie über die Anerkennung von Berufsqualifikationen (RL 2005/36/EG) für ausgewählte Berufe. Seit dem 28. Dezember 2009 dient das System zur Unterstützung der europäischen Verwaltungszusammenarbeit im Rahmen der EU-Dienstleistungsrichtlinie (RL 2006/123/EG). Nach Artikel 28 ff. dieser Richtlinie sollen die Behörden der einzelnen Mitgliedstaaten auf elektronischem Wege dienstleistungsrelevante Informationen untereinander austauschen und Amtshilfe leisten, um Zweifelsfragen im Hinblick auf die Überwachung und Zuverlässigkeit von Dienstleistungserbringern zu klären.[xiv]

2.3 Verfassungsrechtliche Grundlagen

2.3.1 Verfassung Frankreich

Die Verfassung Frankreichs[xv] definiert in Artikel 1 Absatz 1 Frankreich als eine unteilbare, laizistische, demokratische und soziale Republik, die dezentral organisiert ist. Interessanterweise wurde der letzte Satz des Artikel 1 in dem es um die dezentrale Organisation des Staates geht, erst im Jahr 2003 eingefügt,[xvi] während die übrigen Grundsätze zumeist auf Napoleon und die Französische Revolution zurückgehen.[xvii] Die französische Verfassung hat nicht die starke Rolle wie das Grundgesetz in Deutschland. Die Gewaltenteilung steht in Frankreich historisch hinter der Volkssouveränität zurück. Es ist in Frankreich erst seit 1958 durch die Schaffung einer Art Verfassungsgericht (Conseil constitutionnel) vorgesehen, ein Gesetz wegen des Verstoßes gegen Regelungen der Verfassung vor einem Gericht in Zweifel zu ziehen.[xviii] Außerdem haben erst seit 1974 Abgeordnete oder Mitglieder des Senats das Recht, den Verfassungsrat anzurufen, um ein Gesetz auf seine Vereinbarkeit mit der Verfassung überprüfen zu lassen.[xix]

Die Gemeinden, die Departements, die Regionen, die Gebietskörperschaften mit Sonderstatus und die überseeischen Körperschaften erhalten ihren Verfassungsrang durch Artikel 72 Absatz 1 der französischen

Verfassung. Außerdem können hiernach weitere Gebietskörperschaften durch Gesetz geschaffen werden, die sogar ggf. eine oder mehrere der genannten ersetzen können. In den weiteren Betrachtungen dieser Arbeit werden die überseeischen Körperschaften ausgeblendet, da diese den Fokus der Arbeit zu weit ablenken würden und für die Betrachtung des Elsasses unerheblich erscheinen.

Artikel 72 Absatz 2 der französischen Verfassung enthält weitere grundsätzliche Ausführungen zu den Gebietskörperschaften. Bezüglich der Zuständigkeiten ist geregelt, dass diejenige Gebietskörperschaft die Entscheidungen trifft, auf deren Ebene sie am besten wahrgenommen werden kann. Die Selbstverwaltung der Gebietskörperschaften ist dadurch strukturiert, dass gewählte Räte diese ausüben und ihnen – in einem gesetzlich vorgegebenen Rahmen – eine eigene Verordnungsbefugnis zusteht. Zum Verhältnis der Gebietskörperschaften untereinander regelt Artikel 72 Absatz 5 der französischen Verfassung, dass keine Gebietskörperschaft einer anderen vorstehen kann.[xx] Sind notwendigerweise mehrere Gebietskörperschaften an einer Aufgabe beteiligt, ist ein Gesetz notwendig, dass die Zusammenarbeit organisiert.

Um den staatlichen Einfluss auf die Gebietskörperschaften sicher zu stellen, sieht Artikel 72 Absatz 6 der Verfassung einen Vertreter oder eine Vertreterin des Staates vor. Es sind dies die Präfekten oder Präfektinnen in den Departements und die Unterpräfekten bzw. Unterpräfektinnen in den Arrondissements. Diese haben als Vertretung eines jeden Regierungsmitgliedes die nationalen Interessen in allen Gebietskörperschaften zu wahren, die Aufsicht über die Verwaltung auszuüben und darüber zu wachen, dass die Gesetze eingehalten werden.

Die Finanzausstattung der Gebietskörperschaft ist in Artikel 72-2 der Verfassung geregelt. Demnach können die Gebietskörperschaften im Rahmen der gesetzlichen Bestimmungen über ihre Mittel frei verfügen. Sie haben das Recht, Bemessungsgrundlagen für Steuern im gesetzlichen

Rahmen selbst festzulegen. Soweit die Gebietskörperschaften Aufgaben des Staates übertragen bekommen, erhalten sie auch die Mittel, die der Staat bisher selbst für diese Aufgabe hätte aufwenden müssen. Weiterhin zahlt der Staat einen Ausgleich, um die Gebietskörperschaften untereinander gleichzustellen, wenn dies notwendig sein sollte.

Derzeit gibt es in Frankreich als Gebietskörperschaften im Sinne des Artikels 72 der Verfassung

- 26 Regionen,
- 100 Departements und
- 36.782 Communes[xxi]

Mit dieser hohen Zahl an Gemeinden liegt Frankreich weit außerhalb der sonst in der EU üblichen Zahlen. 32.150 dieser Gemeinden in Frankreich haben weniger als 2.000 Einwohner und der größte Teil dieser sogar weniger als 500 Einwohner.[xxii]

Die beiden entscheidenden Momente für die Dezentralisierung in Frankreich waren die so genannten Deferre-Gesetze von 1982/1983 (benannt nach dem damaligen Innenminister) und das Verfassungsänderungsgesetz von 2003, das die beiden Kammern des Parlaments am 17. März 2003 in einer gemeinsamen Sitzung in Versailles mit 584 gegen 278 Stimmen verabschiedet haben. Mit einem Gesetz zur Kompetenzübertragung auf die Gebietskörperschaften und einer überarbeiteten Form des Gesetzes über die interkommunale Zusammenarbeit wurden weitere Grundlagen für die Umsetzung der Dezentralisierung gelegt.[xxiii]

2.3.2 Grundgesetz Deutschland und Landesverfassung Rheinland-Pfalz

Das Grundgesetz (GG) ist die Verfassung der Bundesrepublik Deutschland. Interessant ist in diesem Zusammenhang, dass eine der Wurzeln des deutschen geschriebenen Verfassungsrechts neben anderen, die Zeit der Aufklärung, besonders aber auch die Französische Revolution ist.[xxiv] Nach Artikel 20 GG ist die Bundesrepublik Deutschland ein demokratischer und sozialer Bundesstaat. Alle Staatsgewalt geht vom Volk aus und ist dreigeteilt in die Gesetzgebung, die vollziehenden Gewalt und die Rechtsprechung. Diese funktionale Trennung dient der gegenseitigen Kontrolle und soll Machtmissbrauch vorbeugen. Es ist allerdings keine ganz strikte Trennung, vielmehr sind Verschränkungen und Verknüpfungen vorgesehen.[xxv] Weiter regelt das Grundgesetz in Artikel 28 Absatz 1, der sogenannten Homogenitätsklausel,[xxvi] dass die Länder ebenfalls den Grundsätzen des republikanischen, demokratischen und sozialen Rechtsstaates entsprechen müssen. Verfassungsrang hat die Struktur in den Ländern, wonach Kreise und Gemeinden existieren müssen und auf diesen Ebenen das Volk eine gewählte Vertretung haben muss. Derzeit gibt es in Deutschland als Gebietskörperschaften im Sinne des Grundgesetzes

- 16 Bundesländer,
- 476 Landkreise und kreisfreie Städte und
- 11.292 Städte und Gemeinden.[xxvii]

Die Stellung der Gemeinden wird hervorgehoben durch Absatz 2 des Artikel 28 GG, wonach den Gemeinden das Recht gewährleistet sein muss, alle Angelegenheiten der örtlichen Gemeinschaft im Rahmen der Gesetze in eigener Verantwortung zu regeln.[xxviii] Kommunale Selbstverwaltung wird auch Gemeindeverbänden zugestanden. Zur kommunalen Selbstverwaltung gehört die finanzielle Eigenverantwortung. Deshalb haben die Gemeinden grundgesetzlich das Recht, die Hebesätze für wirtschaftskraftbezogene Steuerquellen festzusetzen. Trotz dieser Vorgaben für alle Länderverfassungen ist noch ausreichend Gestaltungsspielraum für jedes Bundesland gegeben.[xxix] Die kommunale Selbstverwaltung realisiert sich in den Bereichen, in denen die Kommunen eigenverantwortlich alle Angelegenheiten der örtlichen Gemeinschaft regeln. Hierzu zählen insbesondere

- Personalhoheit,
- Gebietshoheit,
- Finanzhoheit,
- Planungshoheit,
- Organisationshoheit und
- Rechtsetzungshoheit.[xxx]

Die Allzuständigkeit der Gemeinden hat in Deutschland eine lange Tradition. So findet sich dieses Leitprinzip bereits in der Städteordnung des Freiherrn von Stein aus dem Jahre 1808. Demnach soll die kleinste Einheit für eine Aufgabe zuständig sein, zu deren Bewältigung sie fähig ist. Die örtliche Verantwortung stärke die Möglichkeit der Bürgerinnen und Bürger das eigene Lebensumfeld mitzugestalten und an Lösungsansätzen mitzuarbeiten.[xxxi]

Anders als in Frankreich ist nach Artikel 30 GG die Ausübung der staatlichen Befugnisse und die Erfüllung der staatlichen Aufgaben Sache der Länder, soweit das Grundgesetz selbst keine andere Regelung trifft oder zulässt. Nur bei Streitigkeiten bezüglich der Umsetzung hat die Bundesregierung ein Weisungsrecht gegenüber den Ländern (Bundeszwang nach Artikel 37 GG). Die Rolle der Länder wird dadurch gestärkt, dass in Artikel 70 GG grundsätzlich den Ländern das Recht der Gesetzgebung zugewiesen wird. Zuständigkeiten des Bundes sind ausdrücklich im Grundgesetz als ausschließliche oder konkurrierende Gesetzgebungsbefugnisse zu verleihen.[xxxii]

Grundsätzlich führen die Länder die Bundesgesetze als eigene Angelegenheiten mit jeweils eigenen Behörden und Verwaltungsverfahren aus (Artikel 83 und 84 GG). Das geht sogar so weit, dass kein Bundesgesetz Gemeinden oder Gemeindeverbänden direkt Aufgaben übertragen darf (Artikel 85 GG). Ausnahmsweise ist eine Sonderregelung in Artikel 91e GG speziell für die Arbeit der Jobcenter auf dem Gebiet der Grundsicherung für Arbeitsuchende eingefügt worden, um diese gemeinsamen Einrichtungen von Bund und Ländern und die nach Landesrecht zuständigen Gemeinden und Gemeindeverbände zu ermöglichen.

Artikel 106 GG regelt das komplizierte Geflecht der Finanzausstattung zwischen Bund, Ländern und Gemeinden. Dieses hier im Detail auszuführen, würde den Rahmen dieser Arbeit sprengen. Nur so viel sei erwähnt, dass es Steuern gibt, die ausschließlich dem Bund oder den Ländern zustehen, diesen gemeinsam oder dass den Gemeinden ein Anteil an einer Steuer zusteht. Zahlreiche Gesetze des Bundes und der Länder regeln die Details. So erhalten die Gemeinden einen Anteil an dem Aufkommen der Einkommensteuer und der Umsatzsteuer. Das Aufkommen der Grundsteuer und Gewerbesteuer steht den Gemeinden zu, ebenso das Aufkommen der örtlichen Verbrauch- und Aufwandsteuern. Den Gemeinden ist das Recht eingeräumt, die Hebesätze der Grundsteuer und Gewerbesteuer im gesetzlichen Rahmen festzusetzen. Ansonsten regeln die Länder die Finanzausstattung der Gemeinden selbst. Hierbei hat das sogenannte Konnexitätsprinzip Verfassungsrang. Das bedeutet die Koppelung von Aufgabenübertragungen mit der entsprechenden Bereitstellung der benötigten Gelder im Rahmen des kommunalen Finanzausgleiches.[xxxiii]

Die Gründung des Landes Rheinland-Pfalz geht zurück auf den 12. August 1946, als sich in Paris die Spitzen der damaligen Zonenverwaltung trafen, um durch die Ordonnance No. 57 die Gründung eines neuen Landes aus den Provinzen Trier, Pfalz, Koblenz, Mainz und Montabaur zu beschließen. Das war die Geburtsstunde des Landes Rheinland-Pfalz.[xxxiv] In der Landesverfassung von Rheinland-Pfalz (LV) spiegelt sich die starke Rolle der Gemeinden in Artikel 49 wider, der u.a. eine Art von Allzuständigkeitsgrundsatz zugunsten der Gemeinden enthält. Er besagt, dass die Gemeinden in ihrem Gebiet unter eigener Verantwortung die ausschließlichen Träger der gesamten örtlichen öffentlichen Verwaltung sind. Die Gemeinden können jede öffentliche Aufgabe übernehmen, soweit sie nicht durch ausdrückliche gesetzliche Vorschrift anderen Stellen im dringenden öffentlichen Interesse ausschließlich zugewiesen werden. Gemeindeverbände haben im Rahmen ihrer gesetzlichen Zuständigkeit die gleiche Stellung. Das Recht der Selbstverwaltung ihrer Angelegenheiten ist den Gemeinden und Gemeindeverbänden gewährleistet. Die Aufsicht des Staates beschränkt sich darauf, dass ihre Verwaltung im Einklang mit den Gesetzen geführt wird. Es findet demnach lediglich eine Rechtsaufsicht statt.

Den Gemeinden und Gemeindeverbänden oder ihren Vorständen können durch Gesetz oder Rechtsverordnung staatliche Aufgaben zur Erfüllung nach Anweisung übertragen werden. Durch Gesetz oder Rechtsverordnung können den Gemeinden und Gemeindeverbänden auch Pflichtaufgaben der Selbstverwaltung übertragen werden. Überträgt das Land den Gemeinden oder Gemeindeverbänden nach Artikel 49 Absatz 4 LV die Erfüllung öffentlicher Aufgaben oder stellt es besondere Anforderungen an die Erfüllung bestehender oder neuer Aufgaben, hat es gleichzeitig Bestimmungen über die Deckung der Kosten zu treffen; dies gilt auch bei der Auferlegung von Finanzierungspflichten (Konnexitätsprinzip).[xxxv]

Das Land hat den Gemeinden und Gemeindeverbänden auch die zur Erfüllung ihrer eigenen und der übertragenen Aufgaben erforderlichen Mittel im Wege des Lasten- und Finanzausgleichs zu sichern. Es stellt ihnen für ihre freiwillige öffentliche Tätigkeit in eigener Verantwortung zu verwaltende Einnahmequellen zur Verfügung.

Die Bürgerinnen und Bürger wählen in den Gemeinden und Gemeindeverbänden die Vertretungskörperschaften sowie die Bürgermeister/-innen und Landräte/Landrätinnen (Artikel 50 LV).

Artikel 78 LV enthält Aussagen zur Gliederung des Landes. Demnach umfasst das Land Rheinland-Pfalz die Bezirke Koblenz, Montabaur, Rheinhessen und Trier und die Pfalz. Über Selbstverwaltungsrechte der einzelnen Landesteile, insbesondere der Pfalz, befindet das Gesetz. Rheinland-Pfalz hat zum 31.12.2011 rd. 4 Millionen Einwohner in

- 24 Landkreisen,
- 12 kreisfreien Städten und
- 2.306 Gemeinden.[xxxvi]

2.4 Statistischer Vergleich

Auf Grundlage der Gegenüberstellung von statistischen Daten soll bewertet werden, wieweit die Vergleichbarkeit der kommunalen und staatlichen Stufen in den beiden Ländern möglich und sinnvoll ist.

2.4.1 Deutschland - Frankreich

	Deutschland	Frankreich
Einwohner	80,4 Mio[xxxvii]	65,6 Mio
Fläche	357.121 km²	668.763 km²
Bevölkerungsdichte	229 Einwohner/km²	103 Einwohner/km²
2. Ebene	16 Bundesländer	26 Regionen
3. Ebene	476 Landkreise und kreisfreie Städte	100 Departements
4. Ebene	11.292 Gemeinden	36.782 Communes

Tabelle 1: Statistischer Vergleich Deutschland - Frankreich[xxxviii]

2.4.2 Rheinland-Pfalz/Pfalz - Elsass

	Rheinland-Pfalz[xxxix]	Pfalz[xl]	Elsass[xli]
Einwohner	4 Mio	1,3 Mio	1,857 Mio
Fläche	19.800 km²	5.451,13 km²	8.280 km²
2. Ebene	24 Landkreise 12 kreisfreie Städte	8 Landkreise und 8 kreisfreie Städte	2 Departements 13 Arrondissements 75 Kantone
3. Ebene	161 Verbandsgemeinden 36 verbandsfreie Gemeinden und Städte	54 Verbandsgemeinden	71 Gemeindeverbände
4. Ebene	2.258 Ortsgemeinden	492 Ortsgemeinden	904 Communes

Tabelle 2: Statistischer Vergleich Rheinland-Pfalz, Region Pfalz und Elsass[xlii]

2.4.3 Landkreis Kusel – Departement Bas-Rhin

	Landkreis Kusel[xliii]	**Departement Bas-Rhin**[xliv]
Einwohner	71.519	1.095.905
Fläche	573 km²	4.755 km²
		2 Präfekturen 5 Unterpräfekturen 7 Arrondissements 44 Kantone
	7 Verbandsgemeinden	39 Gemeindeverbände
	98 Ortsgemeinden	527 Communes

Tabelle 3: Statistischer Vergleich Landkreis Kusel – Departement Bas-Rhin[xlv]

2.4.4 Schönenberg-Kübelberg - Gries/Elsass

	Schönenberg-Kübelberg[xlvi]	**Gries/Elsass**[xlvii]
Einwohner	5.594	2.759
Fläche	18,68 km²	12,23 km²
Bevölkerungs-dichte	299,5 Einwohner pro km²	226 Einwohner pro km²
Bevölkerungs-entwicklung	- 0,7 %	+ 0,2 %
Nächste kommunale Stufe	Verbandsgemeinde Schönenberg-Kübelberg mit 7 Ortsgemeinden mit insgesamt 12.300 Einwohnern	Communauté de Communes Basse Zorn mit 7 Gemeinden mit zusammen 16.496 Einwohnern
Wahlbezirk	Landkreis Kusel	Kanton Brumath
Übernächste kommunale Stufe	Landkreis Kusel	Departement Bas-Rhin
Weitere kommunale Stufe	Bezirksverband Pfalz/Planungsgemeinschaft Westpfalz	Region Elsass
Nächste staatliche Stufe	Kreisverwaltung Kusel als untere Landesbehörde	Unterpfäfektur im Arrondissement Strasbourg-Campagne mit 281.484 Einwoh-

		nern
Übernächste staatliche Stufe	ADD, SGD-Süd als obere Landesbehörden[xlviii]	Präfektur im Departement du Bas-Rhin
Weitere staatliche Stufe	Ministerien des Landes Rheinland-Pfalz Ministerien und Behörden des Bundes	Präfekt in der Region Elsass Nationale Ministerien in Paris

Tabelle 4: Statistischer Vergleich Schönenberg-Kübelberg – Gries/Elsass[xlix]

2.5 Modell der kommunalen Stufen in Rheinland-Pfalz und im Elsass

Aus der Gegenüberstellung von statistischen Daten ergibt sich, dass der angestrebte Vergleich nicht vollständig auf identischen Strukturdaten basiert. Deutschland hat mehr Einwohner als Frankreich auf einer geringeren Fläche, was zu einer mehr als doppelt so großen Bevölkerungsdichte in Deutschland führt. Es gibt weniger Bundesländer in Deutschland als Regionen in Frankreich, dafür fast fünf Mal so viele Departements in Frankreich wie Landkreise und kreisfreie Städte in Deutschland. Die Zahl der Gemeinden in Deutschland ist im europäischen Vergleich relativ hoch, wird aber um die Anzahl der Gemeinden in Frankreich um mehr als das Dreifache übertroffen.

Bei der Gegenüberstellung des Landes Rheinland-Pfalz mit der Region Elsass ergibt sich, dass die Vergleichbarkeit der Region Pfalz eher passend ist. Das Elsass hat dann etwas mehr Einwohner als die Pfalz auf einer etwas größeren Fläche. Die rheinland-pfälzische Besonderheit des Bezirksverbandes Pfalz mit in die Betrachtungen mit einzubeziehen bietet sich auch wegen der räumlichen Nähe und der geschichtlichen Entwicklung an.

Die Anzahl der Kreise und kreisfreien Städte ist nahezu identisch mit der Zahl der Arrondissements. Für die beiden Departements im Elsass findet sich keine direkt entsprechende Instanz in der Pfalz. Dennoch soll den Departements als kommunaler Stufe der Landkreis und als staatliche Einheit die Mittelbehörden des Landes Rheinland-Pfalz gegenüber gestellt werden. Bei den Gemeindeverbänden ergibt sich wieder eher eine Vergleichbarkeit und auch die Zahl der Gemeinden lässt einen Vergleich der Pfalz als Region in Rheinland-Pfalz mit der französischen Region Elsass in Frankreich zu.

Für die beiden Gemeinden Schönenberg-Kübelberg und Gries/Elsass ergibt sich, dass Schönenberg-Kübelberg mehr Einwohner auf einer nahezu entsprechenden Fläche hat als Gries. In Zahlen heißt dass, dass Schönenberg-Kübelberg 32,8 % mehr Einwohner auf 34,5 % mehr Fläche hat. Gemeinsam ist das System mit mehrstufigem Aufbau sowohl der kommunalen als auch der staatlichen Verwaltung in das die beiden Gemeinden eingebunden sind.

Für die Gegenüberstellung der kommunalen Strukturen in zwei europäischen Mitgliedstaaten erscheinen die dargestellten Unterschiede in den statistischen Daten jedoch vertretbar. Der direkte Vergleich der untersten kommunalen Stufe in den beiden Ländern ist trotz der festgestellten Unterschiede möglich und sinnvoll. Zum einen sind die Unterschiede in den statistischen Details nicht allzu groß, sie gehören vielmehr noch in die jeweils gemeinsame Kategorie, was sich alleine schon an der Zuordnung zu den europäischen Statistikeinheiten ablesen lässt. Darüber hinaus sind die Grundsätze der kommunalen Selbstverwaltung in beiden

Ländern realisiert und in beiden Ländern ist die Allzuständigkeit auf der untersten kommunalen Ebene angesiedelt.

Im europäischen Kontext ist festzuhalten, dass es in den EU-Mitgliedstaaten insgesamt etwa 90.000 Kommunen gibt. Die durchschnittliche Einwohnerzahl liegt bei 5.580. 82 % der Kommunen in der EU haben weniger als 5.000 Einwohner und 80 % aller EU-Kommunen finden sich in fünf Nationalstaaten (Frankreich, Deutschland, Spanien, Italien und Tschechien).[1]

In den folgenden Betrachtungen soll demnach von den folgenden kommunalen Stufen in Abgrenzung zur staatlichen Verwaltung ausgegangen werden ohne jedoch die unterschiedlichen Größenverhältnisse und jeweiligen Besonderheiten eines jeden Landes außer Acht zu lassen.

2.5.1 Erste kommunale Stufe

Als erste kommunale Stufe wird hier die untere Ebene des Systems lokaler Verwaltungseinheiten (LAU) von Eurostat herangezogen. Es handelt sich hierbei um LAU 2, vormals NUTS 5. Eurostat hat dieses System konstruiert, um den Bedarf an lokalen Statistiken zu erfüllen. Schönenberg-Kübelberg ist bei Eurostat die Nummer 07336092 und Gries/Elsass die Nummer 67169.[li]

In Rheinland-Pfalz ist die Größe einer Gemeinde gemessen an der Einwohnerzahl nicht gleichzeitig ein Indiz für deren Status. Auf der ersten Stufe der Kommunalverfassung in Rheinland-Pfalz stehen die zwölf kreisfreien Städte,[lii] 28 verbandsfreie Städte bzw. Gemeinden mit Einwohnerzahlen von 6.369 und 27.398 Einwohnern, acht große kreisangehörige Städte zwischen 17.870 und 64.318 Einwohnern und die 2.258 Ortsgemeinden.[liii] Aus altem Recht oder durch besondere Verleihung dürfen sich manche Ortsgemeinden auch Stadt nennen.[liv] Auf dieser

Stufe gilt der Grundsatz der Allzuständigkeit. Dieser umfasst die Kompetenz sich aller örtlichen Angelegenheiten anzunehmen, die nicht ausdrücklich anderen Stellen durch Gesetz zugewiesen sind.

Traditionell zeigt Frankreich bei den Kommunen eine territoriale Kleingliedrigkeit des Lokalsystems auf. Mit durchschnittlich 1.600 Einwohnern überwiegen in Frankreich eher kleine Gemeinden. Es bedurfte zweier Dezentralisierungswellen in den 1980er Jahren und 2003, um die kommunale Selbstverwaltung gegenüber der bis dahin dominierenden Staatsverwaltung zu stärken und mit einer neuen Handlungsfähigkeit auszustatten. Wegen der ausgebliebenen Gemeindegebietsreform in Frankreich besteht eine zersplitterte Kommunalebene fort, was weiterhin eine dominierende Rolle der Staatsverwaltung in den ländlichen Regionen zur Folge hat. Die kommunale Selbstverwaltung in Frankreich sieht die Gemeinden unabhängig von übergeordneten kommunalen Gebietskörperschaften wie den Departements und Regionen, das bedeutet, dass es bei den kommunalen Ebenen keine Über- oder Unterordnung gibt.[lv]

2.5.2   Zweite kommunale Stufe

In der Eurostat-Systematik entspricht diese Stufe der Gliederung LAU 1. In Deutschland sind hier 1.481 Verwaltungsgemeinschaften zusammengefasst und in Frankreich 3.785 Kantone.[lvi] Da die Kantone keine Gebietskörperschaften der kommunalen Selbstverwaltung sind, sondern reine Verwaltungseinheiten oder Wahlbezirke werden hier den rheinland-pfälzischen Verbandsgemeinden die französischen Gemeindeverbände gegenübergestellt.

Die Verbandsgemeinde in Rheinland-Pfalz ist keine Gemeinde sondern vielmehr ein Gemeindeverband. In Rheinland-Pfalz gibt es derzeit 161[lvii] dieser hauptamtlich geführten Verwaltungen zwischen 5.607 und 38.336

Einwohnern. Den Verbandsgemeinden sind eigene Selbstverwaltungsaufgaben zugewiesen, die sie anstelle der Ortsgemeinden übernehmen.
Hierzu gehören gemäß § 67 der Gemeindeordnung für Rheinland-Pfalz
(GemO) die Flächennutzungsplanung, die Trägerschaft von Grund-
schulen, der Brandschutz, zentrale Sport- und Freizeitanlagen, überörtliche Sozialeinrichtungen, Wasserversorgung, Abwasserbeseitigung sowie
der Ausbau und die Unterhaltung von Gewässern dritter Ordnung. Die
Ortsgemeinden können unter bestimmten Voraussetzungen eigene
Selbstverwaltungsaufgaben auf die Verbandsgemeinde übertragen. Als
zweiten Aufgabenkreis führen die Verbandsgemeinden die Verwaltungsgeschäfte der Ortsgemeinden in deren Namen und in deren Auftrag. Sie ist dabei an Beschlüsse des Ortsgemeinderates und des Orts-
bürgermeisters/der Ortsbürgermeisterin gebunden (§ 68 GemO). Ein
dritter Aufgabenkreis der Verbandsgemeinden ist die Wahrnehmung
staatlicher Aufgaben für das Land im eigenen Namen (§ 2 i.V.m. § 68
Abs. 3 GemO). Bei dieser Art der Aufgabenübertragung handelt es sich
um eine administrative Dezentralisierung, wobei die gewählten Vertretungsorgane keine autonome Entscheidungs- und Kontrollkompetenzen
haben.[lviii] Diese drei Aufgabentypen einer Verbandsgemeinde unterscheiden sich auch hinsichtlich der Aufsicht. Während die eigenen
Selbstverwaltungsaufgaben und die Wahrnehmung der Ortsgemein-
deaufgaben lediglich einer Rechtsaufsicht des Landes unterstehen, unterliegt sie bei den staatlichen Auftragsangelegenheiten sowohl einer
Rechts- als auch einer Fachaufsicht.

Als Gemeindeverbände existieren in Frankreich aktuell im Wesentlichen
drei Formen.

- **Communautés de communes** sind Zusammenschlüsse von
  Gemeinden in ländlichen Gebieten, um kommunale Aufgaben
  gemeinsam wahrzunehmen. Sie wurden 1982 als öffentliche Institutionen der interkommunalen Zusammenarbeit geschaffen.

Obligatorisch ist die Kompetenz für Regionalplanung und Raumordnung sowie die Wirtschaftsförderung. Fakultativ sind ihr von den beteiligten Gemeinden mindestens eine der Aufgaben Straßenbau, Schulen, Kultur, Sport, Abfallbeseitigung, Umweltschutz oder Wohnen zu übertragen. Zusätzlich können weitere Aufgaben von den Gemeinden übertragen werden.

- **Communautés urbaines**: Die Gesamtbevölkerung dieser urbanen Gemeinschaften muss mindestens 500.000 Einwohner betragen. Der übertragbare Kompetenzbereich ist staatlich festgelegt. Die Übertragung selbst muss im öffentlichen Interesse liegen.

- **Communautés d'agglomération** sind Gemeindeverbände mit den um eine Stadt mit über 15.000 Einwohnern oder eine Departementshauptstadt liegenden Gemeinden mit dann mindestens 50.000 Einwohnern. Obligatorische Aufgaben sind Wirtschafts-, Wohn- und Sozialpolitik, Verkehrs- und Raumplanung und Kriminalitätsbekämpfung.[lix]

2.5.3 Dritte kommunale Stufe

Die NUTS[lx]-Systematik von Eurostat kennt auf der nationalen Gliederung in der Ebene NUTS 3 in Deutschland die 412 Landkreis und in Frankreich die 100 Departements.[lxi]

Die Landkreise sind Gemeindeverbände mit Selbstverwaltungsaufgaben (Abfallwirtschaft, Trägerschaft von Gymnasien und Berufsschulen, Sozial- und Jugendhilfe, Brand- und Katastrophenschutz, Bau und Unterhaltung von Kreisstraßen, Musikschulen oder Fremdenverkehrsförderung) und Auftragsangelegenheiten des Landes wie Ausländer- und Staatsangehörigkeitsrecht, Straßenverkehr und Kfz-Zulassung, Gewerberecht, Denkmalschutz, Waffen-, Jagd- und Fischereirecht. Für einen engen Aufgabenkreis sind die Landkreise gleichzeitig staatliche Verwaltungsbehörde des Landes, beispielsweise für die Kommunalaufsicht über Orts- und Verbandsgemeinden.[lxii] Diese Behördenform entspricht einem sogenannten kommunaladministrativen Integrationsmodell, bei dem staatliche Aufgaben auf der unteren Ebene kommunalisiert werden.[lxiii] Gewähltes Selbstverwaltungsorgan ist der Kreistag und Exekutivorgan ist der Landrat/die Landrätin.

Die Fläche der Departements liegt in Frankreich zwischen 4.000 und 8.000 km² mit einer Bevölkerungszahl zwischen 250.000 und einer Million. Die Departements wurden 1790 gebildet. Maßstab war, dass die Departementgrenze nicht weiter als einen Tagesritt mit dem Pferd von der Hauptstadt des Departements entfernt sein durfte. Für die kommunalen Selbstverwaltungsaufgaben ist das gewählte Gremium auf dieser Stufe der Generalrat mit einem Präsidenten/einer Präsidentin.[lxiv] Die Kompetenzen betreffen die zentralen Lebensbereiche der Bürgerinnen und Bürger wie Verkehr, Bildung, Jugend, Wohnungswesen, Einstieg und Wiedereinstieg ins Berufsleben und ganz besonders das lokale Sozialwesen mit den Bereichen Arbeitslosen- und Sozialhilfe, Kinderschutz, Familienpolitik und Gesundheitsfürsorge.[lxv] Durch die Dezentralisierungsgesetze 1982 bis 1984 und 2003 wurden dem Generalrat sehr umfassende Kompetenzen auf Departement-Ebene übertragen. Außerdem gewährt er finanzielle Hilfen für die Projekte in den Gemeinden und unterstützt die Sportvereine des Departements.[lxvi] Die Departements erhielten diese zunächst staatlichen Aufgaben im Zuge der bereits angesprochenen Dezentralisierung in Frankreich als eigene kommunale Aufgabe zugewiesen. Bei dieser Art der politischen Dezentralisierung erhalten auch die lokalen demokratisch gewählten Vertretungsorgane Zuständigkeiten für autonome Entscheidungen in diesen Bereichen.[lxvii]

2.5.4 Vierte kommunale Stufe

Nach Eurostat ist dies die Ebene NUTS2 und entspricht in Deutschland den 38 Regierungsbezirken und in Frankreich den 27 Regionen.[lxviii]

In Rheinland-Pfalz sind die Regierungsbezirke als Verwaltungseinheiten im Jahre 2000 aufgelöst worden. Vergleichbar auf dieser Ebene ist hier der Bezirksverband Pfalz als eine Gebietskörperschaft und ein Gemeindeverband mit dem Recht auf Selbstverwaltung. Seine Aufgabe ist die Unterhaltung seiner Einrichtungen, Anstalten und seines Vermögens. Seine Organe sind der Bezirkstag und der/die Vorsitzende des Bezirkstages. Der Bezirksverband finanziert sich durch eine Umlage von den Landkreisen und kreisfreien Städten sowie Zuweisungen des Landes. Die Aufsicht übt das Innenministerium des Landes aus.[lxix] Zu den Besonderheiten des Bezirksverbandes Pfalz wird an anderer Stelle gesondert eingegangen (Exkurs zum Bezirkstag Pfalz).

Frankreich ist in 22 Regionen aufgeteilt, zuzüglich der fünf Regionen in Übersee. Die Regionen besitzen zwar finanzielle Autonomie allerdings keine Gesetzgebungskompetenzen. Erst seit 1982 sind die Regionen kommunale Gebietskörperschaften mit Selbstverwaltungsaufgaben, wie zum Beispiel die Wirtschaftsförderung oder Wirtschaftshilfen, die Verkehrs- und Raumplanung, sowie die berufliche Aus- und Weiterbildung.[lxx] Im Bereich des Bildungswesens tragen die Regionen Verantwortung für die Gymnasien und Sonderschulen. Das Beschlussorgan der Region ist der Regionalrat, der auf sechs Jahre direkt von der Bevölkerung gewählt wird.[lxxi] Der Regionalrat wählt sich einen Präsidenten/eine Präsidentin, der/die die Selbstverwaltung der Region leitet.[lxxii]

2.6 Modell der staatlichen Verwaltung in Rheinland-Pfalz und im Elsass

2.6.1 Erste staatliche Ebene

Der Landkreis in Rheinland-Pfalz ist sowohl kommunale Gebietskörperschaft mit Selbstverwaltungsaufgaben als auch untere staatliche Landesverwaltung für bestimmte Aufgaben wie z.B. die Rechtsaufsicht über die Verbands- und Ortsgemeinden. Weitere staatliche Behörden der unteren Landesverwaltung sind beispielsweise Forstämter, Finanzämter, Vermessungs- und Katasterämter sowie Strafvollzugsanstalten.[lxxiii] Bei dieser Form der Übertragung von zentralstaatlichen Aufgaben auf Behörden oder öffentlich-rechtliche Körperschaften spricht man von einer sogenannten administrativen Dekonzentration.[lxxiv]

Das Arrondissement ist eine staatliche Verwaltungsebene angesiedelt zwischen Kanton und Departement und wird von einem Unter-Präfekten/einer Unter-Präfektin geleitet. Diese/-r übt die staatliche Aufsicht über die Kommunen aus. Jeder Beschluss der kommunalen Räte ist ihm/ihr vorzulegen, er/sie hat dann 14 Tage Einspruchsfrist für eine Rechtskontrolle. Außerdem liegen auf dieser Ebene Aufgaben der Sicherheit und Polizei. Auf der Ebene des Arrondissements gibt es keine demokratische Legitimation. Das Arrondissement dient der Dezentralisierung der staatlichen Departementsverwaltung.[lxxv]

2.6.2 Zweite staatliche Ebene

Als Mittelbehörden oder obere Landesbehörden ist in Rheinland-Pfalz die Aufsichts- und Dienstleistungsdirektion installiert. Mit landesweiten Zuständigkeiten für Kommunales, Schulen, Landwirtschaft und Weinbau soll sie Mittler sein zwischen der Landesregierung und der kommunalen Selbstverwaltung. Sie ist eine Art Bündelungsbehörde weil sie

Aufgaben aus den Zuständigkeitsbereichen mehrerer Ressorts der Landesregierung wahrnimmt. Zusätzlich überwachen die Struktur- und Genehmigungsdirektionen Nord und Süd gewerberechtliche Bestimmungen, den Schutz des Bodens, der Gewässer und der Natur. Diese Organisation der Mittelbehörden gibt es erst seit dem Jahre 2000. Zuvor wurden die Zuständigkeiten von drei sogenannten Bezirksregierungen wahrgenommen. Weitere staatliche Behörden der oberen Landesverwaltung sind beispielsweise das Statistische Landesamt, die Polizeipräsidien, das Landesarchiv oder das Landesamt für Umwelt-, Wasserwirtschaft und Gewerbeaufsicht.[lxxvi]

Die Präfekturen in Frankreich sind staatliche Verwaltungseinheiten in den Departements, die direkt dem Innenminister/der Innenministerin in Paris unterstehen. An der Spitze steht der/die Präfekt/-in. Diese/-r hat seine ursprünglich starke Stellung im Zuge der Dezentralisierung zugunsten des Präsidenten/der Präsidentin des Generalrates eingebüßt. Beispielweise reduzierte sich 1982 die umfassende Staatsaufsicht über die Generalräte auf eine abgeschwächte Form der Rechtsaufsicht.[lxxvii] Der/die Präfekt/-in der Region wird von der Zentralregierung ernannt und ist in Personalunion auch der/die Präfekt/-in des größten Departements in der Region. Der/die Präfekt/-in gewährleistet die öffentliche Sicherheit und Ordnung im Departement, da ihm/ihr die Polizei und die Gendarmerie untersteht. So repräsentiert er/sie die Autorität und Souveränität des Staates im Departement.[lxxviii]

2.6.3   Dritte staatliche Ebene

Zu den obersten Landesbehörden zählen in Rheinland-Pfalz die Ministerien und die Staatskanzlei.[lxxix]

In Frankreich steht über dem Präfekten/der Präfektin des Departements der/die Präfekt/-in der Region. Seine/ihre Rolle entspricht gegenüber dem Regionalrat der Rolle des Präfekten/der Präfektin des Departements gegenüber dem Generalrat. Der/die Präfekt/-in der Region organisiert die Verwaltung der europäischen Fördergelder, die in der jeweiligen Region bereitgestellt werden und gilt als Vertreter/-in der Europäischen Union in der Region. Außerdem kommt ihm/ihr die Rolle einer vermittelnden Instanz bei Problemen oder Streitigkeiten zwischen den Verantwortlichen aus Verwaltungen, Kommunen, Wirtschaft und Sozialwesen zu.[lxxx] Die nächste staatliche Ebene über der Region sind dann bereits die nationalen Ministerien in Paris.

2.7 Sonstige Ebenen

2.7.1 Kantone

Die Kantone in Frankreich sind heute keine Verwaltungseinheiten mehr. Sie dienen vielmehr als Wahlbezirke für die Wahl des Generalrates auf der Ebene der Departements. Insgesamt ist Frankreich in 4.036 dieser Kantone eingeteilt.[lxxxi]

Vergleichbar sind hiermit am ehesten die Wahlbezirke zur Bundes- oder Landtagswahl. Das Bundesgebiet ist für Bundestagswahlen derzeit in insgesamt 299 Wahlkreise eingeteilt. Die durchschnittliche Zahl der deutschen Bevölkerung je Wahlkreis betrug am 30.09.2011 rd. 250.000.[lxxxii] Für die Landtagswahlen in Rheinland-Pfalz gilt, dass man versucht hat, 51 Wahlkreise mit annähernd gleicher Wählerzahl zu bilden. In Wesentlichen entspricht dies den Landkreisen.[lxxxiii]

2.7.2 Planungsgemeinschaften

In Rheinland-Pfalz sind die Planungsgemeinschaften für die regionale Raumplanung zuständig. Diese liegt unterhalb der Landesplanung und oberhalb der Flächennutzungsplanung durch die Verbandsgemeinden. Die Regionalplanung bildet die teilraumbezogene Stufe der Landesplanung. Ihre Aufgabe ist die zusammenfassende Planung für die raum- und siedlungsstrukturelle Entwicklung der Region. In Rheinland-Pfalz sind die vier Planungsgemeinschaften Trier, Westpfalz, Rheinhessen-Nahe und Mittelrhein-Westerwald sowie der Verband Region Rhein-Neckar (VRRN) Träger der Regionalplanung.[lxxxiv]

Der Planungsgemeinschaft Westpfalz, in der sich Schönenberg-Kübelberg befindet, ist vergleichbar der Organisation Scoter, in der die Gemeinde Gries/Elsass vertreten ist. Scoter ist ein Zweckverband (Schéma de Cohérence Territoriale de la Région de Strasbourg) mit dem Ziel, eine Art Masterplan um die Region Straßburg zu erstellen und mit den umliegenden Kommunen umzusetzen. Durch ein hohes Maß an Bürgerbeteiligung sollen die lokalen Planungen interkommunal koordiniert und an gemeinsamen Zielen ausgerichtet werden.[lxxxv] Die Mitgliedschaft in einem solchen interkommunalen Planungsverband ist zwischenzeitlich Pflicht für jede Gemeinde. Im Wesentlichen geht es bei einem Schéma de cohérence territorielae (SCoT) um die Planungskompetenz für Gewerbegebiete, Einkaufszentren oder Gebäude mit gewerblicher Nutzung. Der Präfekt/die Präfektin legt das jeweilige Planungsgebiet auf Antrag der beteiligten Kommunen fest.[lxxxvi]

Der Vollständigkeit halber sei hier noch der EURODISTRICT REGIO PAMINA erwähnt, der allerdings nicht die Westpfalz einschließt. Der Eurodistrict Regio Pamina ist ein kommunaler deutsch-französischer Zweckverband, welcher die drei Teilräume Südpfalz, Baden und Elsass umfasst. Der Verband versteht sich als eine Europaregion zur grenzüberschreitenden Zusammenarbeit der beteiligten Gebietskörperschaften und örtlichen öffentlichen Stellen. Themen und Projekte beziehen sich auf die Bereiche Raumentwicklung und Verkehr, Finanzen, Wirtschaft und Soziales sowie Umwelt, Tourismus, Sport und Kultur.[lxxxvii] Eine weitere Institution der grenzüberschreitenden Zusammenarbeit benachbarter Regionen ist SaarLorLux. Hier kooperieren das Saarland, Lothringen, Luxemburg, Rheinland-Pfalz und die Wallonie grenzüberschreitend zusammen[lxxxviii]. Weil das Elsass fehlt, ist eine weitere Betrachtung entbehrlich.

2.8 Demokratische Mitwirkung im kommunalen Modell

2.8.1 Ebene Gemeinde

Sowohl in Deutschland als auch in Frankreich wählen die Bürgerinnen und Bürger ihren Gemeinderat direkt. Die Größe des Rates hängt in beiden Ländern von der Einwohnerzahl ab. Ob die Kommunen in Rheinland-Pfalz entweder nach Mehrheitswahl oder mit einem System der personalisierten Verhältniswahl bei der Sitzverteilung verfahren, hängt von der Situation vor Ort ab und nicht von der Einwohnerzahl. Schönenberg-Kübelberg hat mehrere Listen unterschiedlicher Parteien oder Wählergruppen, somit personalisierten Verhältniswahl. Der Aspekt der Personalisierung bei der Verhältniswahl ergibt sich durch die Möglichkeit der Wähler/-innen zu kumulierten und zu panaschieren. Beim Kumulieren können einem Kandidaten/einer Kandidatin der Liste bis zu drei Stimmen gegeben werden. Beim Panaschieren besteht die Möglichkeit, nicht nur eine Liste komplett zu wählen, sondern vielmehr Kandidaten/Kandidatinnen einzeln auch aus mehreren Listen zu wählen. Außerdem gibt es die Möglichkeit, eine ganze Liste zu wählen, auf dieser Liste jedoch einzelne Namen zu streichen und einzelne Namen auf anderen Listen zusätzlich anzukreuzen. Bei der Mehrheitswahl haben die Kandidaten/Kandidatinnen mit den meisten Stimmen gewonnen. Die Sitzverteilung richtet sich nach der Häufigkeit der vergebenen Stimmen. Ein zweiter Wahlgang ist den Wahlen zum Gemeinderat nicht nötig.[lxxxix]

Die Sitzverteilung in französischen Selbstverwaltungsgremien unterscheidet sich stark von dem rheinland-pfälzischen Modell. Das Wahlverfahren hängt von der Größe der Gemeinde ab. In französischen Gemeinden mit weniger als 3.500 Einwohnern werden die Mitglieder des Gemeinderats nach dem Mehrheitswahlrecht gewählt. Im ersten Wahlgang ist die absolute Mehrheit sowie ein Viertel der Stimmen der eingetragenen Wähler erforderlich. Im zweiten Wahlgang genügt die relative Mehrheit. In Gemeinden mit mehr als 3.500 Einwohnern sind grundsätzlich zwei Wahlgänge vorgesehen.

> „Wenn eine Liste im ersten Wahlgang die absolute Stimmenmehrheit erringt, so erhält sie die Hälfte der zu vergebenden Sitze. Die anderen Sitze werden nach dem Verhältniswahlsystem auf alle Listen verteilt. Erreicht keine Liste die absolute Mehrheit, so findet ein zweiter Wahlgang statt. Daran können nur die Listen teilnehmen, die mindestens 10 % der abgegebenen Stimmen erhalten haben. Der Liste, die die meisten Stimmen erreicht hat, wird die Hälfte der zu vergebenden Sitze zugesprochen. Die anderen Sitze werden nach dem Verhältniswahlsystem auf alle Listen verteilt.“[xc]

Die Sitzverteilung in den Räten entspricht demnach nicht exakt dem Verhältnis der für die einzelnen Parteien oder Listen abgegebenen Stimmen. Die Liste mit den meisten Stimmen erhält durch dieses System überproportional viele Sitze. Dafür gibt es deutliche Mehrheitsverhältnisse im Rat der Gemeinde. Gries/Elsass hatte bei den letzten Wahlen nur eine Liste, auf der einzelne Kandidaten/Kandidatinnen gestrichen werden konnten. Bisher waren im Elsass die Stimmzettel zweisprachig zu verfassen. Dies entfällt künftig, ebenso wie die Möglichkeit, Kandidaten/Kandidatinnen von der Liste zu streichen. Dafür sind künftig die Listenplätze abwechselnd mit männlichen und weiblichen Kandidaten aufzustellen.

Die Bürgermeister/-innen werden in Rheinland-Pfalz von der Bevölkerung direkt gewählt. In Gries/Elsass wählt der Gemeinderat den Bürgermeister/die Bürgermeisterin aus seinen eigenen Reihen. Die Legislaturperiode beträgt in Rheinland-Pfalz fünf Jahre, im Elsass sechs Jahre.[xci]

In beiden Ländern sind inzwischen weitere direkte demokratische Beteiligungsmöglichkeiten geschaffen worden. In Frankreich dürfen die Gemeinden Volksbefragungen zu Themen aus ihrem Kompetenzbereich durchführen, die eine Entscheidung im Gemeinderat ersetzen. Durch Petitionen hat die Bevölkerung die Möglichkeit, ein Thema auf die Tagesordnung des Selbstverwaltungsorganes setzen zu lassen.[xcii] Die rheinland-pfälzische Gemeindeordnung kennt in § 17 den Einwohnerantrag, mit dem der Rat gezwungen werden kann, über ein Thema der kommunalen Selbstverwaltung zu beraten und zu entscheiden sowie in § 17a das Bürgerbegehren und den Bürgerentscheid, bei dem das Votum der Bürgerschaft den Beschluss des Rates ersetzt.[xciii]

2.8.2 Ebene Gemeindeverband

In Rheinland-Pfalz wählen die Bürgerinnen und Bürger sowohl die Mitglieder des Rates der Verbandsgemeinde als auch die hauptamtlichen Bürgermeister/-innen direkt. Die Zahl der Mitglieder des Verbandsgemeinderates hängt lediglich von der Einwohnerzahl ab. Das Wahlsystem auf dieser Ebene entspricht dem der Gemeinderäte. Die Legislaturperiode des Verbandsgemeinderates entspricht der des Gemeinderates und beträgt ebenfalls fünf Jahre. Die Amtszeit der hauptamtlichen Bürgermeister/-innen, beträgt acht Jahre und ist unabhängig von der Legislaturperiode des Rates. Sie müssen nicht dem Rat der Verbandsgemeinde angehören, um von der Bevölkerung gewählt zu werden.[xciv]

Bei den französischen Gemeindeverbänden wählten bisher nur die Mitglieder der beteiligten Gemeinderäte aus ihren eigenen Reihen die Vertreter/-innen in den Rat des Gemeindeverbandes für die Dauer von sechs Jahren. Künftig werden diese per Listenwahl von den Bürgerinnen und Bürgern direkt gewählt. Es können allerdings nur Mitglieder der Gemeinderäte gewählt werden. Der/die Präsident/-in des Gemeindeverbandes wird vom Rat des Gemeindeverbandes aus seinen eigenen Reihen, also nur indirekt und nicht von der Bevölkerung direkt, gewählt.[xcv] Zuweilen ist hier von „Mandatsträgern zweiten Grades"[xcvi] die Rede. Die Größe des Rates der französischen Gemeindeverbände ist abhängig von der Einwohnerzahl und der Anzahl der zugehörigen Gemeinden.

2.8.3 Ebene Landkreise/Departements

Auf Ebene der Landkreise werden der Kreistag und der Landrat/die Landrätin direkt von der Bevölkerung gewählt, der Kreistag für die Dauer von fünf Jahren, der/die hauptamtliche Landrat/Landrätin für die Dauer von acht Jahren. Ansonsten gelten analog die Aussagen zu den Verbandsgemeinden.[xcvii]

Auf der Ebene der Departements wählen in Frankreich die Bürgerinnen und Bürger direkt den Generalrat auf die Dauer von sechs Jahren. Das Besondere bei diesen Wahlen ist, dass alle drei Jahre die Hälfte der Mitglieder des Generalrates neu gewählt werden. Es kommt das bereits beschriebene romanische Mehrheitswahlrecht mit seinen zwei Wahlgängen zum Einsatz. Die Wahlen werden auch als Kantonalwahlen bezeichnet.[xcviii] Ausführendes Organ ist der/die Präsident/-in des Generalrates. Diese/-r wird vom Generalrat aus seinen eigenen Reihen gewählt und nicht direkt von der Bevölkerung.

2.8.4 Ebene der Region

Organe des Bezirksverbandes Pfalz sind der Bezirkstag und der/die Vorsitzende des Bezirkstages. Die Mitglieder des Bezirkstages werden direkt von der Bevölkerung auf die Dauer von fünf Jahren gewählt. Anschließend wählt der Bezirkstag sich seine/-n Vorsitzende/-n aus den eigenen Reihen.[xcix]

In Frankreich finden alle sechs Jahre Wahlen des Regionalrates statt. Hierbei wählen die Bürgerinnen und Bürger direkt Mitglieder, aber nicht den Präsidenten/die Präsidentin des Regionalrates. Diese/-r wird vom Regionalrat selbst auf die Dauer von sechs Jahren gewählt.[c]

2.8.5 Nationale Ebene

Die Nationalversammlung und der Senat zusammen bilden das französische Parlament als alleinigen Gesetzgeber. In Frankreich wählen die Bürgerinnen und Bürger ab dem 18. Lebensjahr direkt die 577 Abgeordneten der Nationalversammlung auf die Dauer von fünf Jahren. Die Wahl findet nach den Grundsätzen der absoluten Mehrheitswahl in zwei Wahlgängen statt.[ci] Bei diesem Wahlverfahren ist im ersten Wahlgang gewählt, wer die absolute Mehrheit der abgegebenen Stimmen sowie mindestens ein Viertel der Stimmen der Wahlberechtigten des Wahlbezirks erringen kann. Am zweiten Wahlgang nehmen dann alle die Kandidaten/Kandidatinnen teil, die im ersten Wahlgang mindestens 12,5 % der Stimmen der Wahlberechtigten erhalten haben. Gewählt ist dann im zweiten Wahlgang, wer die meisten Stimmen auf sich vereinigen kann.[cii] Bei diesem Wahlverfahren steht nicht im Vordergrund, dass das Verhältnis der abgegebenen Stimmen für die einzelnen Parteien möglichst exakt dem Verhältnis der zu verteilenden Sitze entspricht. Vielmehr möchte man mit diesem Wahlverfahren klare Mehrheitsverhältnisse schaffen.

Die zweite Kammer des französischen Parlamentes, der Senat, wird alle drei Jahre zur Hälfte neu gewählt. Die Wahlzeit eines Senators/einer Senatorin beträgt sechs Jahre. Es ist eine indirekte Wahl durch eine Wahlversammlung von 150.000 Mitgliedern. Hierzu gehören die Abgeordneten der Nationalversammlung sowie die sogenannten „großen Wähler", also die Vertreter/-innen aus den kommunalen Räten (Gemeinderäte mit 142.000 Delegierten, 4.000 Generalräte/-rätinnen und 1.870 Regionalräte/-rätinnen). Für die Mitglieder der Wahlversammlung besteht eine Wahlpflicht.[ciii] Der Senat als zweite Kammer vertritt auf nationaler Ebene die Interessen der kommunalen Gebietskörperschaften bei der Gesetzgebung. Bei Verfassungsänderungen hat der Senat ein Vetorecht gegen Beschlüsse der Nationalversammlung.[civ] Auf nationaler Ebene wählt seit 1962 die Bevölkerung den französischen Staatspräsidenten/die Staatspräsidentin direkt für die Dauer von fünf Jahren.[cv]

In Deutschland werden die Mitglieder der Landtage und des Bundestages direkt von der Bevölkerung gewählt. Die Legislaturperiode beim Bund beträgt vier Jahre, die des rheinland-pfälzischen Landtages fünf Jahre. Es kommt ein System mit Erst- und Zweitstimme zum Einsatz. Die eine Hälfte des Parlaments wird direkt über die Wahlkreise mit der Erststimme entschieden. Dort gewinnt, wer die meisten Stimmen auf sich vereinen kann. Mit der Zweitstimme wird eine Parteiliste gewählt. Diese Zweitstimme entscheidet auch über das Verhältnis der Sitzverteilung. Die Verteilung der Sitze erfolgt unter den Parteien, die mehr als fünf Prozent der abgegebenen Stimmen erreicht haben nach einem komplexen Verfahren, bei dem möglichst genau die Sitzverteilung mit dem Verhältnis der abgegebenen Stimmen übereinstimmen soll. Weder an der Wahl des Bundeskanzlers/der Bundeskanzlerin noch an der Wahl des Bundespräsidenten ist die Bevölkerung direkt beteiligt. Die Mitglieder des Deutschen Bundestages wählen den/die Bundeskanzler/-in und die sogenannte Bundesversammlung, bestehend aus den Mitglie-

dern des Bundestages und einer gleichen Anzahl von Vertre-
tern/Vertreterinnen der Bundesländer, wählt den Bundespräsidenten.[cvi]

2.8.6 Europäische Ebene

Die 72 französischen Abgeordneten des Europaparlaments werden direkt von der Bevölkerung nach dem Verhältniswahlrecht in einem
Wahlgang auf nationaler Ebene gewählt. Die Listenvorschläge müssen
den gleichen Anteil an Frauen und Männern haben. Nur Listen mit
mindestens 5 % der abgegebenen Stimmen erhalten einen Sitz im Europaparlament. Derzeit bestehen acht Wahlbezirke in ganz Frankreich.[cvii]
In Deutschland werden die 99 Abgeordneten ebenfalls nach den
Grundsätzen der Verhältniswahl direkt von der Bevölkerung gewählt.
Die Listenvorschläge können für ein Bundesland oder als eine gemeinsame Liste aufgestellt werden. Ein einheitliches Wahlrecht auf EU-
Ebene gibt es nicht. Jedes Land wählt nach seinem nationalen Verfahren.[cviii] Aktuell hat der Deutsche Bundestag anstelle der 5-Prozent-
Hürde geregelt, dass bei den kommenden Europawahlen Parteien bereits ab einem Stimmenanteil von 3 % ins Europaparlament einziehen
können. Das Bundesverfassungsgericht hatte die 5-Prozent-Regelung
für verfassungswidrig erklärt, da dadurch die Chancengleichheit gerade
der kleinen Parteien verletzt sei.[cix]

2.9 Führen der Verwaltungsgeschäfte

Die Gemeinden in Frankreich haben eine kleine eigene Verwaltung, die
für zahlreiche kommunale und staatliche Aufgaben in den Rathäusern
selbst zuständig ist. Mehr als die Hälfte der Gemeindeverwaltungen in
Frankreich haben weniger als fünf Beschäftigte.[cx] Unsere Beispielsge-
meinde Gries/Elsass hat hierfür vier Gemeindearbeiter, drei Verwal-

tungsmitarbeiter, drei Personen Kindergarten-Hilfspersonal (pädagogisches Personal stellt der Staat), eine Bibliothekskraft in Teilzeit und zwei Reinigerinnen. Zu ihren Aufgaben in der Verwaltung gehört u.a. die Erstellung des eigenen Gemeindehaushaltes, die komplette Abwicklung des Zahlungsverkehrs, die Verwaltung und Organisation der örtlichen Musikschule und der Bibliothek, die Gehaltsabrechnung, die Friedhofs- und Gebäudeverwaltung, das Personenstandswesen, vielfältige Polizei- und Ordnungsaufgaben, die Bewirtschaftung des Waldes und der Jagd sowie die Energiebeschaffung für die öffentlichen Gebäude. Die Gemeindeverwaltung nimmt die Baugenehmigungen an und fertigt diese aus, d.h. der/die Bürgermeister/-in oder ein Beigeordneter/eine Beigeordnete unterschreiben die Baugenehmigungen im Namen des Staates. Die Bauunterlagen selbst werden von einer staatlichen Fachbehörde im Departement, der Direction Départementale d'Équipement (DDE) geprüft. Derzeit ist diese Dienstleistung des Staates für die Kommunen noch kostenlos.[cxi] Nach zwei Monaten gilt der Bauantrag als genehmigt.

Der Haushalt von Gries/Elsass teilt sich auf in 33 % der Ausgaben für die laufende Verwaltung, 35 % für das Personal, 10 % sind durchlaufende Gelder und 6 % der Ausgaben werden zur Zahlung der Zinsen für Kredite aufgewandt.

Die rheinland-pfälzischen Ortsgemeinden haben keine eigene Verwaltung. Die Geschäfte der Ortsgemeinden werden, wie bereits beschrieben, von der Verwaltung der Verbandsgemeinde übernommen. Im Rahmen ihrer Personalhoheit beschäftigen die Ortsgemeinden aber dennoch Personal. So verfügt die Ortsgemeinde Schönenberg-Kübelberg insgesamt über 22 Vollzeitbeschäftige und 11 Beschäftige in Teilzeit. Das sind beispielsweise vier Gemeindearbeiter, sieben Erzieherinnen im kommunalen Kindergarten, zwei Köchinnen in Teilzeit, Reinigungskräfte oder ein Bibliotheksmitarbeiter in Teilzeit. Dieses Personal wird von den Mitarbeitern/Mitarbeiterinnen der Verbandsgemeinde mitverwaltet. Die Auswahl des Personals selbst liegt beim Ortsbürgermeister/der Ortsbürgermeisterin, der/die auch den Arbeitsvertrag unterzeichnet und als Vorgesetzte/-r weisungsbefugt in dienstlichen und persönlichen Dingen ist.

2.10 Die Zeichen stehen auf Veränderung

Wie ein roter Faden zog es sich durch die Expertengespräche und die herangezogene Literatur, dass sich zahlreiche Regelungen des Kommunalrechts in beiden Ländern derzeit im Umbruch und in Veränderung befinden. Im Elsass beispielsweise ändert sich das Auszählungsverfahren der Stimmzettel, die künftig nicht mehr zweisprachig ausgegeben werden und das Wahlverfahren des Rates der Communautés de Communes, der künftig auch per Listenwahl direkt von der Bevölkerung gewählt wird. Künftig müssen sich auf den Wahllisten männliche und weibliche Kandidaten abwechseln. Gerade erst wurde im Elsass eine Volksbefragung durchgeführt zu der Frage, ob die beiden Departements Bas-Rhin oder Haute-Rhin zusammengelegt werden sollen – es wurde abgelehnt. Aktuell hat die französische Nationalversammlung in erster Lesung einem Gesetz gegen Ämterhäufung zugestimmt. Diese neue Regelung sieht vor, dass künftig französische Parlamentarier/-innen neben ihrem Parlamentsmandat nicht auch noch Bürgermeister/-in sein dürfen. Ab 2017 sollen Abgeordnete und Senatoren/Senatorinnen weder das Amt des Bürgermeisters, des stellvertretenden Bürgermeisters oder des Präsidenten der Region, eines Departments oder einer anderen kommunalen Gebietskörperschaft innehaben.[cxii]

In Rheinland-Pfalz wird derzeit eine Kommunal- und Gebietsreform umgesetzt. Verbandsgemeinden mit weniger als 12.000 Einwohnern sollen aufgelöst werden. Das Kommunal-wahlrecht steht unmittelbar vor einer Änderung, weshalb beispielsweise der Gemeinde- und Städtebund Rheinland-Pfalz empfiehlt, mit den Aufstellungsverfahren der

Listen für die Kommunalwahlen 2014 erst später zu beginnen, um keine Formfehler zu begehen. Das Auszählungsverfahren und der Rechenmodus für die Sitzverteilung in den Gremien ändert sich vom Verfahren nach Hare Niemeyer zu einem Divisionsverfahren mit Standardrundungen, dem sogenannten Sainte-Lague/Scheper-Verfahren.[cxiii] Dadurch sollen künftig kleinere Parteien tendenziell besser gestellt werden. Das System des kommunalen Finanzausgleiches in Rheinland-Pfalz ist vom rheinland-pfälzischen Verfassungsgerichtshof als in einigen Bereichen verfassungswidrig beurteilt worden und ist laut höchstrichterlicher Rechtsprechung bis zum 1. Januar 2014 nachzubessern.[cxiv]

Insofern wird deutlich, dass diese Arbeit sehr stark eine Momentaufnahme darstellt. Wäre die Arbeit vor fünf Jahren geschrieben worden oder würde sie erst in fünf Jahren geschrieben werden, ergäben sich sicherlich Abweichungen bei der Darstellung einzelner Sachverhalte und Rechtslagen.

2.11 Exkurs Besonderheiten in Rheinland-Pfalz – der Bezirksverband

Der Bezirksverband Pfalz ist ein Kommunalverband höherer Ordnung auf dem Gebiet des ehemaligen Regierungsbezirkes Pfalz. Seine Gründung geht zurück auf Rechtsgrundlagen aus den Zeiten Napoleons und aus den Zeiten der Zugehörigkeit dieses Landesteiles zu Bayern, also 1800 bzw. 1816. Heute ist die Rechtsgrundlage in der Landesverfassung und in einer eigenen Bezirksordnung verankert.[cxv] Die Bürgerinnen und Bürger wählen die 27 Mitglieder des Bezirkstages direkt im Rahmen der allgemeinen Kommunalwahlen. Der Bezirksverband verkörpert das Selbstverwaltungsrecht der Pfälzer und ist insbesondere Trägerorganisation unterschiedlichster Einrichtungen. Diese reichen vom Pfalztheater, der Pfalzgalerie oder der Meisterschule für Handwerker in

Kaiserslautern, eine Klinik für Psychiatrie und Neurologie in Klingenmünster bis zu einer landwirtschaftlichen Lehr-, Untersuchungs- und Forschungsanstalt. Der Bezirksverband unterhält darüber hinaus Beteiligungen am Deutschen Schuhmuseum, dem Hambacher Schloss, dem Historischen Museum der Pfalz in Speyer, der Pfalzwerke AG und am Naturpark Pfälzerwald.[cxvi]

Der Bezirksverband Pfalz zeigt im Laufe der Geschichte die enge Verbundenheit mit dem Elsass und dies erklärt, warum es in beiden Regionen Besonderheiten gibt, die sich bis heute gehalten haben.

Die Geschichte des Bezirksverbandes Pfalz beginnt mit der Französischen Revolution, nachdem die Revolutionstruppen das linksrheinische Gebiet 1798 besetzt hatten. Napoleon führte im Jahr 1800 den Conseil général, also einen Generalrat, auf pfälzischem Gebiet ein. Für die Pfälzer gab es somit die ersten Ansätze einer regionalen Selbstverwaltung mit der Trennung von Rechtsprechung und Verwaltung. Außerdem gab es Rede-, Vereins-, Gewerbe- und Pressefreiheit. Dies änderte sich als die Pfalz 1816 zum Bayerischen Königreich kam. König Maximilian I. Joseph ließ nämlich auf Drängen der Pfälzer den von den Franzosen gegründeten Departementalrat als ,Landrath' neu installieren, woraus dann letztlich der Bezirkstag wurde.

Obwohl sich die Bayern anfänglich heftig gegen diese freiheitlichen ,eigenthümlichen Institutionen' gewehrt hatten, konnten die Pfälzer einige Erfolge für sich verbuchen: Beispielsweise wurde das metrische System beibehalten, eine Konsumsteuer abgewendet und die Maut verringert. Bis auf einen Vertreter der katholischen Geistlichkeit nahmen die Mitglieder des Landraths geschlossen am 27. Mai 1832 am Hambacher Fest teil. Sie übten offen Kritik an den herrschenden Zuständen und forderten mehr Rede-, Presse- und Gewerbefreiheit. Nach dem Ersten Weltkrieg war die Pfalz wieder französisch besetzt. Die Zugehörigkeit der Pfalz zu Bayern blieb auch unter den Nationalsozialisten, die den Kreistag entmachtet hatten, bis nach dem Zweiten Weltkrieg erhalten. Mit der Gründung des Landes Rheinland-Pfalz wurde auch die Existenz des Bezirksverbands Pfalz als Höherer Kommunalverband verfassungsrechtlich gesichert, obwohl in den anderen Landesteilen des neuen Bundeslandes vergleichbare Institutionen fehlen. Am 16. Januar 1950 trafen sich die 35 pfälzischen Landtagsabgeordneten in Neustadt an der Weinstraße zur konstituierenden Sitzung des Bezirkstags Pfalz. Erst über ein Jahr später, am 29. April 1951, wurden dann die Pfälzerinnen und Pfälzer zum ersten Mal nach dem Krieg an die Wahlurnen gerufen, um ihr 29 Mitglieder starkes Gremium zu wählen. Eine Novellierung der Bezirksordnung im Jahr 1994 ermöglichte es dem Bezirksverband Pfalz, dessen Geschäfte bis dahin von der Bezirksregierung Rheinhessen-Pfalz in Neustadt geführt wurden, eine eigene Verwaltung mit Sitz in Kaiserslautern aufzubauen.[cxvii]

2.12 Exkurs Verfassungswidrigkeit des Finanzausgleiches in Rheinland-Pfalz

Der kommunale Finanzausgleich in Rheinland-Pfalz ist derzeit verfassungswidrig. Dies hat der Verfassungsgerichtshof Rheinland-Pfalz mit Urteil vom 14. Februar 2012 festgestellt. Der Landkreis Neuwied hat ein Normenkontrollverfahren gegen das rheinland-pfälzische Landesfinanzausgleichsgesetz angestrengt. Zentrale Frage war in diesem Verfahren, ob die Finanzausgleichsmasse und die Schlüsselzuweisungen bei den stark gestiegenen Sozialausgaben noch den Anforderungen an eine verfassungsgemäße Finanzausstattung der Kommunen genügen. Die Kosten für Soziales stiegen für die Gemeinden und Gemeindeverbände von 1990 bis 2010 um 220 %. Das ist dreimal so hoch wie der Anstieg der Einnahmen dieser Kommunen in diesem Zeitraum. Der Verwaltungsgerichtshof stellte eindeutig fest, dass dieses mit Artikel 49 Absatz 6 der rheinland-pfälzischen Landesverfassung, der eine aufgabenangemessene

Finanzausstattung der Kommunen fordert, nicht vereinbar ist. In der Begründung führt das Gericht aus, dass die Kommunen in Rheinland-Pfalz als Folge der massiven Verschuldung in ihren Kernhaushalten die bundesweit höchsten Kreditfinanzierungskosten je Einwohner zu tragen hätten. Der Verfassungsgerichtshof hat der Landesregierung aufgegeben, bis spätestens 1. Januar 2014 eine Neuregelung zu schaffen. Hierbei muss das Land einen spürbaren Beitrag zur Bewältigung der kommunalen Finanzkrise leisten, der zu einer effektiven und deutlichen Verbesserung der kommunalen Finanzausstattung führt. Solange bleiben die mit der Landesverfassung unvereinbaren Vorschriften noch gültig. Ein weiterer Kritikpunkt bezieht sich auf den Verstoß gegen das Gebot der interkommunalen Gleichbehandlung, der in Artikel 49 Absatz 1 der Landesverfassung verankert ist. Dieser Punkt wurde nicht abschließend entschieden, allerdings spricht einiges dafür, so das Gericht, dass zwischen Landkreisen und kreisfreien Städten einerseits und kreisangehörigen Gemeinden und Verbandsgemeinden andererseits wegen der hohen Sozialausgaben ein deutliches finanzielles Ungleichgewicht besteht.[cxviii]

3. Beispielhafte kommunale Projekte in Rheinland-Pfalz und im Elsass

Um Aufschluss über die kommunalen Strukturen und den Ablauf konkreter kommunaler Projekte in den europäischen Mitgliedstaaten Frankreich und Deutschland zu bekommen, wurden Expertengespräche geführt. Im Elsass waren Gesprächspartner der Bürgermeister der Gemeinde Gries, Claude Kern, und der erste Beigeordnete Eric Hofstetter. Das Gespräch fand am 23. Mai 2013 in der Zeit von 18.00 bis 22.30 Uhr statt. In der Gemeinde Schönenberg-Kübelberg gaben der Ortsbürgermeister Josef Weis Auskunft sowie mehrere Mitarbeiter und Mitarbeiterinnen der Verbandsgemeindeverwaltung. In beiden Gesprächsrunden wurden die gleichen zehn Fragen behandelt. Das Ergebnis ist im Folgenden dokumentiert.

3.1 Kommunale Projekte in Gries/Elsass

Frage 1: Welche Projekte wurden in den letzten Jahren von der Gemeinde Gries mit finanzieller Unterstützung des Staates oder der Europäischen Union durchgeführt?

Das größte Projekt in der Gemeinde war das Espace Sports „La Forêt". Eine alte verbrauchte Sport- und Freizeithalle wurde in den Jahren 2005 bis 2007 saniert, umgebaut und in einen komplexen Erweiterungsbau integriert. Es entstanden eine Basketball-Halle, eine Wettkampf- und Trainingsstätte für den Ringerclub Gries/Elsass sowie Räumlichkeiten für Feierlichkeiten der Gemeinde und für Familien, einschließlich professionell ausgestatteter Großküche. Die Sportanlagen genügen nun höchsten Ansprüchen. Dies ist wichtig, weil der Ringerclub und der Basketball Verein auf nationalem Niveau agieren und hier die Voraussetzungen geschaffen wurden, um den Spielbetrieb zu gewährleisten und auch internationale Wettbewerbe in der Halle austragen zu können. Der Gebäudekomplex hat insgesamt 5.610 m² Fläche und verursachte insgesamt Kosten in Höhe von 6,1 Mio Euro. Auf dem Außengelände entstanden zudem Tennisplätze und ein neuer Fußballplatz. Die Parkplätze für Busse und Pkw wurden ebenfalls neu gestaltet. Die gesamte Anlage ist behindertengerecht konzipiert und umgesetzt.

Die Finanzierung konnte durch intensive Verhandlungen und durch das vielfältige Engagement unterschiedlicher Interessenvertreter letztlich so gestaltet werden, dass es für eine Gemeinde in der Größenordnung von Gries tragbar erschien. Die Finanzierung der knapp 6,1 Mio Euro setzt sich wie folgt zusammen: 1,3 Mio Euro kommen aus dem Haushalt des Generalrates des Departements, 800.000 Euro trägt der Regionalrat bei, 220.000 Euro stammen aus dem Etat der Communauté de Communes de la Basse-Zorn, 300.000 Euro konnten aus der staatliche Sportförderung eingebracht werden, 6.500 Euro kommen aus einem staatlichen Topf zur Förderung der Solaranlage für die Haustechnik und letztlich flossen die 935.000 Euro gezahlte Mehrwertsteuer wieder an die Gemeinde zurück. Letztlich verbleiben bei der Gemeinde 2,5 Mio Euro, was einem Anteil von rd. 41 % entspricht. Bei kommunalen Projekten müssen sich die Gemeinden selbst mit mindestens 20 % der Kosten beteiligen. Trotz der Größe des Projektes und der nationalen und sogar internationalen Bedeutung des Vorhabens gab es keine Fördermittel der Europäischen Union. Dies liegt darin, dass die Region Elsass in keiner entsprechenden Förderregion liegt. Die ursprünglich geplanten Kosten in Höhe von 5,6 Mio wurden um weniger als 10 % überschritten.

Zuschussgeber	Betrag in Euro	Anteil in %
Generalrat	1.300.000	21,5
Regionalrat	800.000	13,2
Communautés de Commune	220.000	3,6
Staatliche Sportförderung	300.000	5
Solar-Förderung	6.500	0,1
Rückerstattung der Umsatzsteuer	935.000	15,4
Eigenleistung der Gemeinde	2.500.000	41,2
Insgesamt	6.061.500	100

Tabelle 5: Finanzierung des Projektes Espace Sports „La Forêt"[CCXIX]

Ein weiteres aktuelles Projekt ist das L'accueil périscolaire. Hierbei handelt es sich um eine Einrichtung zur Betreuung von Schülerinnen und Schülern zwischen 6 und 12 Jahren zur Mittagszeit und nach der Schulzeit von 16.00 bis 18.00 Uhr. Hierzu wird ein ehemaliges Schulgebäude umgebaut. Die Kosten für dieses Projekt betragen insgesamt 700.000 Euro. 160.000 Euro gibt der Generalrat dazu, 150.000 Euro die Communauté de Communes de la Basse-Zorn, 125.000 Euro sind eine besondere staatliche Förderung für derartige Einrichtungen, die staatliche Familienkasse gibt 90.000 Euro. Für die Gemeinde selbst verbleibt ein Eigenanteil in Höhe von 175.000 Euro; das sind rd. 25 % der Gesamtkosten.

Auch für dieses Vorhaben fließen keine Gelder der Europäischen Union. Die einzige Förderung, die Gries jemals von der EU bisher erhalten hat, war eine Entschädigung nach dem verheerenden Sturm Lothar im Jahre 1999. Dabei wurde 80 % des Gemeindewaldes zerstört, der Schaden betrug 120.000 Euro. Die EU zahlte einen Ausgleich von 500 Euro an die Gemeinde Gries/Elsass.

Frage 2: Welche Projekte hat sie ausschließlich mit eigenen Mitteln umgesetzt?

Keine Zuschüsse erhält die Gemeinde für die Beschaffungen beispielsweise des kommunalen Fuhrparks, für die Unterhaltung der gemeindeeigenen Gebäude oder für Umbauten am Rathaus. Die Erschließung der Neubau- und Gewerbegebiete wird komplett von der Communauté de Communes Basse-Zorn übernommen. Diese führt die Erschließung komplett durch und übergibt nach Fertigstellung die erschlossenen Flächen wieder zurück an die Gemeinde. Eine finanzielle Zuwendung gibt es in Gries/Elsass hierfür von keiner Seite. Vielmehr müssen die Verkaufserlöse der Grundstücke vollständig die entstandenen Kosten tragen.

Frage 3: Wer war an den einzelnen Phasen der Überlegung, Entscheidung, Planung, Genehmigung und Finanzierung beteiligt?

Für das große Vorhaben des Sportzentrums war nahezu die gesamte Gemeinde eingebunden. Hauptsächlich der Gemeinderat, der Bürgermeister und die betroffenen Vereinsvertreter. Zusätzlich wurde eine besondere Kommission gegründet, die vergleichbar war mit einem Ausschuss des Gemeinderates.

Grundlage für die Finanzierung ist eine Investitionsplanung über den Zeitraum von sechs Jahren. Dies entspricht der Dauer einer Legislaturperiode des Gemeinderates und des Bürgermeisters, ist aber nicht deckungsgleich. Die Legislaturperiode und der Zeitraum der Investitionsplanung sind derzeit um zwei Jahre verschoben.

Für die Planung des Bauprojektes wurden Angebote mehrerer Architekturbüros eingeholt. Die Auswahl und Auftragserteilung waren Entscheidungen des Rates der Gemeinde.

Bauplanungsrechtlich war wenig zu veranlassen, da in dem bereits bestehenden Bebauungsplan eine Sportanlage enthalten war. Ansonsten stellt sich das Aufstellungsverfahren eines Bebauungsplanes als sehr aufwändig dar und dauert ca. sechs Jahre. Diese Planung wird jeweils für das gesamte Gemeindegebiet aufgestellt. Hierbei sind eine Vielzahl von Fachbehörden zu beteiligen und weitere Verfahrensschritte, wie beispielsweise die Offenlage der Pläne und eine angemessene Bürgerbeteiligung, nötig. Im Zusammenhang mit der Aufstellung des Bebauungsplanes wird für diese Zeit speziell vom Verwaltungsgericht eine Person bestellt, die als Anlaufstelle für die Bedenken und Anregungen der Bürgerinnen und Bürger dient. Kleinere Gewerbegebiete bis zu einer Größe von sechs Hektar auszuweisen ist allerdings kein Problem, da es hierfür vereinfachte Verfahren gibt.

Den Bauantrag für das Sport- und Kulturprojekt reichte die Gemeinde bei der Verwaltung des Präfekten ein, der dies prüfte und die notwendige Baugenehmigung erteilte.

Wegen der Finanzierung und der Beschaffung der Gelder muss die Gemeinde, vertreten durch den Bürgermeister, mit den Banken individuell verhandeln. Hierbei wird die Gemeinde wie jeder andere private Kreditnehmer beurteilt und behandelt.

Seit 2010 gibt es in Frankreich keine Förderrichtlinien mehr. Vielmehr gibt es einen Katalog mit grundsätzlich förderfähigen Maßnahmen. Die Gemeinde schließt mit der Communauté de Communes, dem Departement und mit dem Generalrat des Departements einen Vertrag über eine Laufzeit von sechs Jahren ab, in der die von den Gemeinden gewünschten Projekte enthalten sind. Hierbei geht es insbesondere um deren Finanzierung und welche kommunale Ebene zu den jeweiligen Projekten welchen finanziellen Beitrag leistet. Dieser Vertrag kann alle drei Jahre fortgeschrieben werden. Der Generalrat koordiniert dadurch für diesen Zeitraum die Finanzierung aller kommunalen Projekte in seinem Zuständigkeitsgebiet. Der Vertrag trägt die Unterschriften aller betroffenen Gemeinden, Gemeindeverbände und die des Generalrates. Die Ausarbeitung dieses Vertrages erfordert ein sehr hohes politisches Geschick aller Beteiligten und es dauert alleine schon ca. ein Jahr, bis der Vertrag unterschriftsreif ausgehandelt ist. Die Region ist an diesen Verträgen nicht beteiligt, sie gewährt allerdings auch entsprechende finanzielle Zuschüsse aus ihrem Haushalt. Bei diesem Prozess der Vertragsverhandlung ist das Verhandlungsgeschick und die Diplomatie der beteiligten Bürgermeister/-innen sehr gefordert, da insgesamt eine längerfristige und einvernehmliche Lösung angestrebt werden muss.

Frage 4: Wie funktioniert das Zusammenspiel von Bürgermeister, Gemeinderat sowie übergeordneten kommunalen und staatlichen Stellen?

Die Verhandlungen sind sehr stark von den beteiligten Personen abhängig, weniger von der Parteizugehörigkeit. Wichtig ist die Akzeptanz von Projekten in der Bevölkerung. Werden die Vorhaben insgesamt von der Bevölkerung mitgetragen, ist die Finanzierung und Realisierung wesentlich einfacher als wenn es sich um umstrittene Vorhaben handelt. Auf lange Sicht ist es entscheidend, dass die benachbarten Kommunen fair miteinander umgehen, da die mittelfristige Finanzierungsvereinbarung die Unterschriften aller beteiligten Kommunen braucht. Seit 2010 gibt es für die Förderung kommunaler Vorhaben keine staatlichen Vorgaben oder Förderrichtlinien mehr. Dies soll ein Beitrag zur Verwaltungsvereinfachung sein und die kommunale Selbstverwaltung stärken.

Frage 5: Was hat die Projekte besonders unterstützt?

Entscheidend ist der persönliche Einsatz des Bürgermeisters/der Bürgermeisterin bei den Verhandlungen mit den Nachbargemeinden und den für das Genehmigungsverfahren zuständigen staatlichen Stellen. Gute persönliche Kontakte schaffen Zugang zu wichtigen Informationen und beschleunigen sonst langwierige Abstimmungsprozesse.

Das Projekt der Espace Sports „La Forêt" wurde für die Verhandlungen mit den unterschiedlichen Geldgebern in mehrfacher Hinsicht unterschiedlich beschrieben. Im Vordergrund standen jeweils gezielt unterschiedliche inhaltliche Schwerpunkte, die abhängig vom jeweiligen Interesse des angesprochenen Geldgebers waren. Mal stand die sportliche Komponente des Projektes im Vordergrund, beispielsweise als Spielstätte für die Basketballmannschaft in der zweiten Nationalliga oder als ein Zentrum für Aus- und Weiterbildung für Ringen und Basketball entsprechend eines Regionalplanes. Ein anderes Mal wurde bei einem anderen Geldgeber eher die Funktion als Gemeinschaftseinrichtung für kommunale oder familiäre Veranstaltungen in den konzeptionellen Vordergrund gerückt.

Wichtig war auch, dass das Projekt von der gesamten Bevölkerung mitgetragen wurde, also ein großer Konsens und eine hohe Akzeptanz für das Vorhaben bestand, einschließlich der betroffenen Sportvereine.

Frage 6: Was hat die Projekte eher verzögert oder erschwert?

Engpass ist bei großen kommunalen Projekten die staatliche Bürokratie, die schwerpunktmäßig beim Präfekten/bei der Präfektin des Departements angesiedelt ist. Dort wird der Bauantrag bearbeitet und auf alle Details hin abgeprüft, beispielsweise Belange der Behinderten, des Brandschutzen, des Umweltschutzes usw..

Die finanzielle Förderung wird im Rahmen des oben beschriebenen Vertrages abgewickelt. Wobei es darauf ankommt, die einzelnen Fördertatbestände gezielt und ggf. auch separat zu verhandeln. Eigentlich wird an keiner Stelle außerhalb der Gemeinde die komplette Finanzierung mit allen einzelnen unterschiedlichen Quellen dargestellt.

Frage 7: Wie finanziert sich eine Gemeinde im Elsass?

50 % lokale Steuern, 50 % staatliche Gelder

Frage 8: Wie ist die Aufgabenverteilung zwischen den unterschiedlichen kommunalen Ebenen geregelt?

Die Gemeinden sind für alles zuständig, was sonst niemand erledigt. Für ihre Aufgaben tragen sie selbst die Verantwortung und sind umfassend entscheidungsbefugt. Es gibt bei eigenen Aufgaben keine übergeordneten kommunalen Ebenen. Jede kommunale Stufe erledigt jeweils ihre Angelegenheiten selbständig. Die staatliche Rechts- und Finanzkontrolle liegt beim Präfekten auf der Ebene des Departements. Die Projekte werden im Wesentlichen mit kommunalen Geldern finanziert. Dieses ist ein Vertragswerk zwischen Gemeinde, Gemeindeverband, Departement und Generalrat über einen Zeitraum von sechs Jahren. Nur in seltenen Ausnahmefällen fließt staatliches Geld in kommunale Projekte. EU-Gelder gab es bisher nicht.

Frage 9: Welche kommunalen und staatlichen Stellen üben die Kontrolle über Entscheidungen und Maßnahmen der Gemeinde Gries aus?

Rechtskontrolle übt die staatliche Stelle bei der Präfektur des Departements und die Unterpräfektur auf der Stufe des Arrondissements aus. Ansonsten sind alle kommunalen Ebenen gleichberechtigt nebeneinander und für ihre jeweiligen Angelegenheiten selbst verantwortlich. Es gibt keine kommunale Stelle, die einer anderen übergeordnet oder kontrollberechtigt wäre. Selbst die Communauté de Communes hat keinen direkten Einfluss auf die Projekte der Gemeinde.

Eine Finanzbehörde bei der Regionalkammer übt eine Finanzkontrolle aus. Dies ist vergleichbar mit einem staatlichen Wirtschaftsprüfer. Die Prüfungen sind allerdings nicht flächendeckend, vielmehr stichprobenartig und im gewissen zeitlichen Abstand.

Frage 10: Welche Besonderheiten gibt es in den Gemeinden im Elsass gegenüber den anderen Gemeinden in Frankreich?

- Während die Verfassung eine strikte Trennung von Staat und Kirche vorsieht, gibt es im Elsass andere Regelungen gegenüber dem Rest von Frankreich. So ernennt der französische Staatspräsident die Bischöfe von Straßburg und Metz und der Staat zahlt die Gehälter der Priester, Pfarrer und Rabbiner im Elsass. In den Schulen im Elsass sind Kreuze in den Klassensälen obligatorisch. Kann eine Kirchengemeinde ihr Kirchengebäude nicht mehr finanzieren, hat eine Gemeinde im Elsass die Pflicht, dieses zu übernehmen.

- Im Elsass besteht die Meisterpflicht bei der handwerklichen Ausbildung und es gibt Besonderheiten beim Brennrecht von Schnaps. Ein Grundbuch und weitere Besonderheiten im Jagdrecht gibt es nur im Elsass.

- Bisher waren die Stimmzettel nur im Elsass zweisprachig. Dies ändert sich allerdings bei der nächsten Kommunalwahl. Ab dann sind sie nur noch in französischer Sprache abgefasst.

- Die Züge im Elsass fahren auf der rechten Spur, außer der neue TGV von Straßburg nach Paris, der wie alle anderen Züge in Frankreich, auf der linken Spur fährt.

- Es gibt im Elsass zwei Feiertage mehr als im Rest von Frankreich, Karfreitag und den zweiten Weihnachtstag.

- Der Einzugsbereich von Apotheken liegt im Elsass bei 3.500 Einwohnern, sonst in Frankreich 2.500.

- Die Notare im Elsass werden für ihre Amtsbezirke vom Staat bestellt, während sonst in Frankreich ein Notar seine Kanzlei mit Zuständigkeitsgebiet verkaufen oder vererben kann.

- Das Arbeitsrecht sieht besondere Absicherungen für die Region Elsass-Mosel vor, beispielsweise eine Lohnfortzahlung im

Krankheitsfalle von 90 % anstelle von sonst in Frankreich üblichen 70 %. Dies geht zurück auf Gesetze aus dem Jahre 1905,
entsprechend der Sozialversicherung von Bismarck.

- Die Schneebeseitigung auf Gehwegen ist im Elsass Pflicht der
  Anwohner, sonst in Frankreich Aufgabe der Gemeinde.

- Sonderregelungen gibt es auch im Vereinsrecht. Im Elsass werden zur Vereinsgründung beispielsweise mindestens sieben Personen benötigt, sonst in Frankreich sind es nur fünf.

3.2 Kommunale Projekte in Schönenberg-Kübelberg

**Frage 1: Welche Projekte wurden in den letzten Jahren von
der Gemeinde Schönenberg-Kübelberg mit finanzieller Unterstützung des Staates oder der Europäischen Union
durchgeführt?**

Große Projekte für die Gemeinde Schönenberg-Kübelberg in den letzten Jahren waren die Erschließung des Gewerbegebietes Mehlpfuhl in
mehreren Bauabschnitten und der Umbau des ältesten Schulhauses des
Landkreises zum Kulturhaus Kübelberg. Etwas länger zurück liegt der
Neubau eines Zentralen Omnibusbahnhofes, der mit Mitteln des Landes zur Förderung des öffentlichen Personennahverkehrs bezuschusst
wurde.

Das Gewerbegebiet hat insgesamt ein Fläche von 26,2 ha und ein Kos-
tenvolumen von nahezu 11 Mio Euro. Der Erschließung war eine besondere Herausforderung. Das Gelände hat ein enormes Gefälle über
die gesamte Fläche und liegt in einem Wasserschutzgebiet der Zone III.
Der erste Bauabschnitt wurde in den Jahren 2007/2008 mit einem Vo-

lumen von 4,3 Mio Euro realisiert, der zweite Bauabschnitt folgte 2012/2013 mit einem weiteren Kostenaufwand von geschätzten 6,7 Mio Euro. Die Finanzierung setzt sich beim ersten Bauabschnitt zusammen aus Eigenmitteln der Gemeinde in Höhe von 1,3 Mio Euro, einem Zuschuss des Landkreises Kusel von 300.000 Euro, einem Zuschuss des Landes Rheinland-Pfalz aus Mitteln des Finanzausgleiches in Höhe von knapp 1 Mio Euro und rd. 1,7 Mio Euro Förderung durch die EU aus Mitteln des Europäischen Strukturfonds für regionale Entwicklung im Rahmen des Zieles regionaler Wettbewerbsfähigkeit und Beschäftigung (RWB-EFRE-Programm Rheinland-Pfalz 2007 – 2013 „Wachstum durch Innovation"). In Prozenten ausgedrückt wurde der erste Bauabschnitt mit fast 70 % gefördert, 40 % der verbauten Gelder kamen aus dem Haushalt der Europäischen Union. Für den zweiten Bauabschnitt liegen noch keine abschließenden Zahlen vor. Bei voraussichtlichen Gesamtkosten hierfür von 6,7 Mio Euro gewährt das Land Rheinland-Pfalz 638.000 Euro, die EU insgesamt fast 3,2 Mio Euro. Für die Gemeinde selbst verbleiben 2,9 Mio Euro. Das ergibt Förderquoten von rd. 47 % EU, 9 % Land Rheinland-Pfalz und 46 % Eigenanteil. Für das gesamte Projekt, also beide Bauabschnitte zusammen ergeben sich bei 38 % Eigenmittel der Gemeinde Zuschussquoten von 14,5 % vom Land, 45,5 % von der EU und 3 % vom Landkreis Kusel.

	Eigen-anteil	Kreis	Land	EU	Gesamt
Kosten erster Bauabschnitt in Millionen Euro	1,2	0,3	1	1,8	4,3
Förderquote		7 %	23 %	42 %	72 %
Kosten zweiter Bauabschnitt in Millionen Euro	2,9	0	0,6	3,2	6,7
Förderquote		-	9 %	48 %	57 %
Kosten Gesamt in Millionen Euro	4,1	0,3	1,6	5	11
Förderquote insgesamt		3 %	14,5 %	45,5 %	63 %

Tabelle 6: Finanzierung Gewerbegebiet Mehlpfuhl[cxx]

Damit die Kosten für die sehr aufwändige Wasserver- und entsorgung ebenfalls als förderfähig anerkannt werden konnte, musste sie von der eigentlich zuständigen Verbandsgemeinde auf die Ortsgemeinde übertragen werden. Hierzu bedurfte es der Beschlüsse von Orts- und Verbandsgemeinderat sowie dem Abschluss eines öffentlich rechtlichen Vertrages, der nachrichtlich der Kreisverwaltung als Kommunalaufsicht vorzulegen war. Trotz der zahlreichen Widrigkeiten ist es gelungen, das komplette Verfahren einschließlich Bebauungsplan und Erdarbeiten in einer sehr kurzen Zeit komplett abzuwickeln. Erste Auftragsvergabe zur Erarbeitung einer Erschließungskonzeption war im Oktober 2006, bereits im Januar 2008 erteilte der Ortsgemeinderat den Auftrag für die

Erschließungsarbeiten, im Juli 2008 konnte bereits das erschlossene Grundstück an den Investor übergeben werden. Dieser begann unverzüglich mit den eigenen Bauarbeiten und konnte im Januar 2009 die Produktion aufnehmen. Die ersten Gewerbesteuereinnahmen des Unternehmens gingen auf dem Gemeindekonto im Jahre 2010 ein.

Bei dem Projekt des Kulturhauses Kübelberg ging es darum, zwei denkmalgeschützte und ortsbildprägende private Gebäude zu erhalten und öffentlich nutzbar zu machen. Es handelte sich bei den Gebäuden um das älteste Schulhaus im Landkreis Kusel sowie das dazugehörige Lehrerwohnhaus mit Stall und Scheune. Das Nutzungskonzept sieht neben einer gastronomischen Nutzung, Räumen für Ausstellungen zur Orts- und Schulgeschichte, ein Trauzimmer, einen Veranstaltungsraum sowie Räume für örtliche Vereine vor. Mit insgesamt 1,6 Mio Euro konnte dies im Zeitraum von 2008 bis 2011 realisiert werden. In die Finanzierung flossen rd. 1 Mio Euro Eigenmittel der Gemeinde, 580.000 Euro Dorferneuerungsmittel des Landes und ein Zuschuss des Denkmalschutzes in Höhe von 2.800 Euro ein. Die ursprünglich geplanten Kosten von 890.000 Euro haben sich einschließlich des Grunderwerbs nahezu verdoppelt.

Frage 2: Welche Projekte hat sie ausschließlich mit eigenen Mitteln umgesetzt?

Die Erschließung des Neubaugebietes „In den Aspen" sowie den Ausbau der Talstraße, der Dürerstraße und des Pappelweges musste die Ortsgemeinde alleine finanzieren. Bei Straßenausbaumaßnahmen zahlen die Anlieger regelmäßig einen Anteil der Kosten. So wurden 40 % der Kosten für den Ausbau der Talstraße auf die Anlieger als Erschließungs- bzw. Ausbaubeiträge umgelegt. Bei Gesamtkosten von 611.000 Euro für die Maßnahme waren dies immerhin 245.000 Euro, die auf 66 Grundstücke verteilt wurden.

Frage 3: Wer war an den einzelnen Phasen der Überlegung, Entscheidung, Planung, Genehmigung und Finanzierung beteiligt?

Bei beiden Projekten war es notwendig, alle kommunalen Ebenen zielgerichtet mit einzubinden. Ortsbürgermeister, Ortsgemeinderat, Rat der Verbandsgemeinde, Verbandsgemeindeverwaltung, Bürgermeister, Kreisverwaltung, Kreisausschuss des Kreistages, Landrat, Struktur- und Genehmigungsdirektion, Innenministerium und sogar die Mitglieder des Landtages aus der Region. Der Ortsgemeinderat hatte in mehr als 15 Sitzungen das Thema Gewerbegebiet im Zeitraum von 2000 bis 2008 zu beraten und Entscheidungen zu treffen. Diese Entscheidungen betrafen den Grunderwerb, die Konzeption, die Aufstellung des Bebauungsplanes, den Erschließungsvertrag mit den Verbandsgemeindewerken, den Erschließungsauftrag, die Bodenordnung, den Planentwurf, die Abwägung der Interessen bei der Beteiligung der Träger öffentlicher Belange sowie die Vergabe der Erschließungsarbeiten. Besonders erfreulich war der Beschluss über den Verkauf der erschlossenen Flächen an den Investor. Im Verbandsgemeinderat waren Beschlüsse zum Flächennutzungsplan und zum Abschluss des Erschließungsvertrages notwendig, damit die die Wasserver- und entsorgung auf die Ortsgemeinde übertragen werden konnten. Damit waren diese Kosten ebenfalls zuschussfähig. Für den finanziellen Zuschuss des Landkreises Kusel beriet der Kreisausschuss des Kreistages in einer Sitzung im Jahre 2008.

Beim Kulturhaus hat sich der Ortsgemeinderat in der Zeit von 2010 bis 2012 ca. 26 Mal mit dem Thema beschäftigt. Das waren Beschlüsse über die grundsätzliche Entscheidung das Projekt anzugehen, über die Aufträge zur Planung, Ausschreibung, Vergabe des Projektes, diverse Entscheidungen über die Gestaltung von Details der Bauausführung oder des Außengeländes, die Kunst am Bau, den Vertrag mit dem Gastronomen bis hin zur Auswahl und Beschaffung der Bestuhlung.

Frage 4: Wie funktioniert das Zusammenspiel von Bürgermeister, Gemeinderat sowie übergeordneten kommunalen und staatlichen Stellen?

Das hängt sehr stark von den handelnden Personen ab. Ortsbürgermeister, Bürgermeister der Verbandsgemeinde und Landrat haben ihr Mandat durch die direkte Wahl der Bürgerinnen und Bürger erhalten. Sie müssen nicht zwingend aus den Reihen der Räte kommen. Ebenso unabhängig ist die jeweilige politische Ausrichtung. Um ein Projekt erfolgreich durch- und umzusetzen ist es entscheidend, wieweit dieses ein gemeinsames Ziel ist und wie geschlossen gegenüber der nächsten kommunalen und staatlichen Ebene aufgetreten wird. Die staatlichen Stellen, die für die Genehmigungen zuständig sind, bedienen sich weiterer Fachbehörden beispielsweise für Wasserwirtschaft, Landschaftspflege, Forstwirtschaft, Straßenbau usw. Da die jeweiligen Fachbehörden weitgehend selbständig agieren, kommt es entscheidend darauf an, die unterschiedlichen Interessen zu bündeln und letztlich eine abgewogene Lösung, die allen unterschiedlichen Fachinteressen entspricht, möglichst frühzeitig zu entwickeln. Es hat sich bewährt, bereits in einem sehr frühen Planungsstadium alle beteiligten Behörden zu einem gemeinsamen Besprechungstermin einzuladen. Dies ist wichtig, damit alle Akteure über den gleichen Informationsstand verfügen und frühzeitig ihre Bedenken und Anregungen vortragen können. In diesen sogenannten Scoping-Terminen wird die Grundlage für eine zügige Abwicklung des folgenden Genehmigungsprozesses gefördert. Abwägungen zwischen den zum Teil unterschiedlichen Interessen können bereits in diesem Stadium vorgenommen werden. Beispielsweise haben Wasserwirtschaft und Landespflege zum Teil recht unterschiedliche Ziele. Würde dies in einem schriftlichen Umlaufverfahren geschehen, wären langwierige Abstimmungsprozesse nötig, die so entbehrlich sind.

Frage 5: Was hat die Projekte besonders unterstützt?

Sehr wichtig bei den beiden Projekten war der persönliche Einsatz des Ortsbürgermeister, des Landrates und der weiteren am Verfahren beteiligten Behörden. Hilfreich war das Engagement der Mitglieder des Landtages aus der Region, die bei entscheidenden Gesprächen auf Landesebene teilnahmen und die Vorhaben unterstützten. Beim Gewerbegebiet zeigte sich der persönliche Einsatz des Investors aus der Region als ein Hauptschlüssel zum Erfolg des Projektes. Dessen Verbundenheit zur Region und das hohe Maß an Innovationskraft seiner mittelständischen Unternehmung waren genau die Faktoren, die in der Förderkulisse des Landes zu dieser Zeit gefordert waren. Erfreulich war, dass parteipolitische Zugehörigkeiten während des gesamten Ablaufs des Projektes keine Rolle spielten.

Bei der Planung des Gewerbegebietes gab es mehrere sogenannte Scoping-Termine. Hierbei trafen eine große Zahl beteiligter Stellen und Fachbehörden unterschiedlicher Verwaltungsstufen zusammen, um Details zu regeln. Diese Termine waren wichtig und für das Projekt förderlich, weil so ein gleichberechtigter Informationsaustausch gewährleistet war und zum Teil widerstreitende Interessen der unterschiedlichen Fachämter auf einen Nenner gebracht werden konnten. Beispielsweise haben die Wasserwirtschaft und der Landschaftsschutz bei der Ableitung von Oberflächenwasser unterschiedliche Interessen und Konzeptionen. Diese konnten bei diesen gemeinsamen Gesprächen gegeneinander abgewogen und eine für alle Beteiligten akzeptable Lösung erarbeitet werden. Dies erhöhte die Akzeptanz des Projektes insgesamt, schuf eine

Atmosphäre des Vertrauens und beschleunigte das anschließende Genehmigungsverfahren erheblich.

Zu erwähnen ist auch das besondere Engagement und die fachliche Kompetenz zweier Mitarbeiter der Verbandsgemeindeverwaltung, die durch die Einbindung des Kulturhistorischen Vereines beim Umbau des Kulturhauses entscheidend zum Erfolg beigetragen haben. Insbesondere führten sie schwierige Verhandlungen mit den bisherigen Eigentümern der alten Bausubstanz, die massiv auf den Ankauf durch die Gemeinde drängten.

Frage 6. Was hat die Projekte eher verzögert oder erschwert?

Die hohe Komplexität der Projekte, sowohl des Gewerbegebietes als auch des Kulturhauses erforderte die Beteiligung zahlreicher Fachbehörden. Beim Gewerbegebiet insbesondere die Wasserwirtschaft und die Naturschutzbehörden, beim Kulturhaus die Denkmalschutzbehörde, die Baubehörde mit den Anforderungen des Brandschutzes und der Schaffung von behindertengerechten Zugängen. Sehr gesprächsintensiv war das Erarbeiten von Kompromissen zwischen den Anforderungen der Landesbauordnung und dem Wunsch, ein historisch bedeutendes Gebäude weitgehend in seinem Charakter zu erhalten. Gelöst wurde dies beispielsweise durch die gewagte Kombination von alten Baumaterialien und handwerklichen Techniken mit Glas, Beton und Stahlkonstruktionen. Hier war der im Rathaus beschäftigte Architekt ein wichtiger Akteur, der etliche Probleme zu lösen half und bei Verzögerungen durch die Baufirmen massiv intervenierte.

Frage 7: Wie finanziert sich eine Gemeinde in Rheinland-Pfalz?

Die Gemeinde hat eigene Steuereinnahmen wie beispielsweise die Grundsteuer, die Gewerbesteuer, die Hundesteuer, Gebühren für die Nutzung kommunaler Einrichtungen wie Friedhöfe oder Bürgerhäuser, Beiträge für Ausbau- und Erschließungsmaßnahmen. Für diese Abgaben hat die Gemeinde auch das Recht, die kommunalen Hebesätze selbst in der Haushaltssatzung festzulegen. Durch die sogenannten Nivellierungssätze des Landes wird allerdings geregelt, bis zu welcher Höhe dieser Einnahmen abgeschöpft werden. Bleiben die Gemeinden mit ihren Hebesätze unter diesen Vorgaben, bleibt nichts mehr in den kommunalen Kassen übrig, vielmehr sind die so fiktiv festgesetzten Einnahmen tatsächlich auszugleichen. Den Gemeinden steht ein Anteil an der Einkommensteuer zu. All diese Einnahmen fließen jedoch wiederum in ein komplexes Finanzausgleichssystem ein, dass sowohl einem horizontalen als auch einem vertikalen Umverteilungsmechanismus dient. Die Gemeinden erhalten unterschiedliche Schlüsselzuweisungen im Rahmen des kommunalen Finanzausgleichs auf Landesebene, Zuschüsse unterschiedlicher kommunaler und staatlicher Ebenen zu Vorhaben oder Projekten, entweder fachbezogen oder allgemein durch den Investitionsstock. Soweit die laufenden Einnahmen nicht ausreichen um die laufenden Einnahmen zu decken, nehmen die Gemeinden Investitionskredite oder Liquiditätskredite am Kapitalmarkt auf. Die Konditionen sind derzeit noch sehr günstig im Vergleich zu privatwirtschaftlichen Kreditnehmern, da den Gemeinden eine uneingeschränkte Bonität zugestanden wird. In umgekehrter Richtung müssen die Ortsgemeinden erhebliche Umlagebeträge an die Verbandsgemeinde und an den Landkreis leisten. Die Höhe der Umlagesätze beschließen die Verbandsgemeinde und der Landkreis im Rahmen ihrer Haushaltssatzungen selbst.

Frage 8: Wie ist die Aufgabenverteilung zwischen den unterschiedlichen kommunalen Ebenen geregelt?

Vom Grundsatz her geht man in Rheinland-Pfalz von der Allzuständigkeit der Gemeinde aus. Das bedeutet, dass die Kommune zunächst für alle Angelegenheiten vor Ort verantwortlich ist, soweit nicht kraft Gesetzes jemand anderes für zuständig erklärt ist. In der Gemeindeordnung erhält etwa die Verbandsgemeinde einen Katalog von kommunalen Selbstverwaltungsaufgaben in deren eigene Zuständigkeit, ebenso wie der Landkreis. Die Gemeinde selbst hat keine eigene Verwaltung. Die Verwaltungsgeschäfte der Ortsgemeinde führt alleine die Verbandsgemeinde als hauptamtlich geführte Behörde im Auftrag und im Namen der Ortsgemeinde. Die Verbandsgemeinde hat einige Möglichkeiten auf das Handeln der Ortsgemeinde einzuwirken. Die Aufsicht über die Ortsgemeinden ist bei der Kreisverwaltung angesiedelt.

Frage 9: Welche kommunalen und staatlichen Stellen üben die Kontrolle über Entscheidungen und Maßnahmen der Gemeinde aus?

Zunächst kontrolliert der Gemeinderat den Ortsbürgermeister. Der Gemeinderat hat als einzigen Pflichtausschuss einen Rechnungsprüfungsausschuss einzurichten, der jährlich den Jahresabschluss mit allen Rechnungsbelegen prüft und dem Bürgermeister, den Beigeordneten sowie dem Bürgermeister und den Beigeordneten der Verbandsgemeinde die Entlastung erteilt.

Der Bürgermeister der Verbandsgemeinde hat das Recht, Beschlüsse des Ortsgemeinde-rates zu beanstanden und die Pflicht, diese unter bestimmten Voraussetzungen aufzuheben, beispielweise bei einem Verstoß gegen geltendes Recht oder wenn sie mit dem Haushaltsrecht oder den Festlegungen im Haushaltsplan der Gemeinde nicht übereinstimmen. Er hat außerdem das Recht, Anträge im Rat der Ortsgemeinde zu stellen.

Die staatliche Kommunalaufsicht ist bei der Kreisverwaltung angesiedelt. Der Haushalt ist dort vorzulegen und enthält Teile, die einer ausdrücklichen Genehmigung bedürfen, wie beispielsweise die Höhe der Kredite. In unregelmäßigen zeitlichen Abständen führt das Rechnungs- und Gemeindeprüfungsamt der Kreisverwaltung Prüfungen der Unterlagen vor Ort durch.

Nicht zu unterschätzen ist die Kontrolle der Öffentlichkeit für kommunales Handeln. Und natürlich die Legislaturperioden von fünf Jahren für Rat und Ortsbürgermeister. Zusätzlich enthält das Kommunalrecht in Rheinland-Pfalz zahlreiche Möglichkeiten, wie die Bürger unmittelbar in das kommunale Geschehen eingreifen können. Dies reicht von Informationsrechten durch Einwohnerfragestunden, Antragsrechten bis hin zu Verfahren des Bürgerentscheides, wo Entscheidungen der Bürgerinnen und Bürger, die Entscheidungen des Rates aushebeln können oder die Entscheidung des Rates durch die Entscheidung durch die Bürgerinnen und Bürger ersetzen können.

Frage 10: Welche Besonderheiten gibt es in den Gemeinden in Rheinland-Pfalz gegenüber den anderen Gemeinden in Deutschland?

Die kommunale Selbstverwaltung ist mit starken Hoheitsrechten ausgestattet. Hierzu gehören beispielsweise die Planungshoheit über das Gemeindegebiet durch Bebauungspläne, die aus den Flächennutzungsplänen der Verbandsgemeinden abzuleiten sind. Die Satzungshoheit gibt den Kommunen das Recht, selbst Recht zu setzen, die Personalhoheit ermöglicht es, selbst Personal zu beschäftigen und die Haushaltshoheit besagt, dass jede Ortsgemeinde einen eigenen Haushalt mit Einnahmen und Ausgaben selbständig beschließt. Diese umfassenden Befugnisse stehen selbst den kleinsten Gemeinde zu.

Eine Besonderheit in Rheinland-Pfalz stellt der Bezirksverband Pfalz als eigenständige kommunale Stufe mit eigenem Bezirkstag dar. Dieser wird ebenfalls direkt vom Volk gewählt. Außerdem werden in Rheinland-Pfalz, wie in keinem anderen deutschen Bundesland, die Ortsgemeinde vom Land geschätzt und geschützt. Selbst die kleinste Ortsgemeinde mit gerade einmal acht Einwohnern soll erhalten bleiben.

3.3 Ablauf der Projekte

Bei der Auswertung der Expertengespräche soll es in erster Linie darauf ankommen herauszuarbeiten, wie die kommunalen Projekte von der ersten Initiative bis hin zur Fertigstellung abgelaufen sind. Der Schwerpunkt liegt hierbei darzustellen, wer die jeweils wichtigsten Akteure sind und wieweit kommunale und staatliche Instanzen eingebunden sind.

3.3.1 Initiative

Wie sich ein konkretes Projekt ergibt, ist in beiden Regionen eigentlich gleich. Ein bestimmter Wunsch, der in einer Gemeinde realisiert werden soll ist in der Regel mehrere Jahre im Ortsgespräch und wird von Bürgermeister/-in, Gemeinderatsmitgliedern und auch in der Bevölkerung diskutiert. In den zwischenzeitlichen kommunalen Wahlkämpfen tauchen diese Themen immer wieder auf. Gerade bei großen Projekten mit erheblichem finanziellem Volumen geht es nicht darum, ob diese Maßnahme umgesetzt werden soll oder nicht, sondern vielmehr sind unterschiedliche Positionen bei Details oder bei der Wahl des richtigen Zeitpunktes zu finden. Interessant ist dann zu beobachten, was letztlich den entscheidenden Impuls auslöst, damit ein Projekt starten kann. Hier gibt es sicherlich planmäßige Abläufe, zuweilen aber auch mehr oder weniger zufällige Gegebenheiten.

Planmäßig läuft ein Projekt wie beispielsweise das Espace Sports „La Forêt“, wenn die Finanzierung langfristig aufgebaut und mit anderen Kommunen vertraglich zu vereinbaren ist. Beim Gewerbegebiet in Schönenberg-Kübelberg stand der Wunsch hierzu schon viele Jahre fest, es fehlten aber die notwendigen Grundstücke und die richtigen Investoren. Anlässlich eines Firmenbesuchs eines Bundestagsabgeordneten wurde die Notwendigkeit eines örtlich ansässigen Firmeninhabers mit einem Betrieb in der Nachbargemeinde bekannt, seinen bisher sehr erfolgreichen Betrieb erweitern zu müssen, ohne dass am gegebenen Standort entsprechende Möglichkeiten bestehen. Ein kommunaler Vertreter griff dieses auf und setzte damit den Ablauf in Gang. Die Vorstellung, dieses erfolgreiche Unternehmen könnte in eine andere Region oder ein anderes Bundesland abwandern, bündelte alle politischen Kräfte von der Ortsgemeinde bis zum Ministerium. Dadurch gelang es, das über viele Jahre dahin dümpelnde Vorhaben letztlich in Rekordzeit erfolgreich umzusetzen und hierfür ein Finanzierungsmodell mit europäischer Beteiligung zu schaffen.

Bei dem Vorhaben „Kulturhaus Kübelberg“ ging die Initiative von Akteuren eines kulturhistorischen Vereines aus, die gleichzeitig noch Mitarbeiter/-innen der Kommunalverwaltung sind. Durch diese Doppelfunktion hatten sie Zugang zu den Eigentümern des historischen Gebäudes, das nicht mehr bewohnt war und dem allmählichen Verfall preisgegeben war. Die Eigentümer waren selbst bereit, etwas für den Erhalt der Bausubstanz zu tun und drängten auf den Ankauf der Immobilie durch die Gemeinde. Anfangs zeigten sich die Verantwortlichen der Ortsgemeinde nur mäßig bis gar nicht interessiert. Schließlich gelang es der mehr oder weniger privaten Initiative, dieses ortsbildprägende Projekt ins

Bewusstsein der Bevölkerung und letztlich auch in den Ortsgemeinderat zu bringen.

Bei dem Projekt L'accueil périscolaire in Gries/Elsass stand die Gemeinde vor der Herausforderung, das ortsbildprägende Gebäude, das seine ursprüngliche Nutzung als Schule verloren hatte, abzureißen oder neu zu nutzen. Letztlich entschied sich der Rat dafür, in dieses Gebäude eine schulnahe Nutzung einziehen zu lassen.

3.3.2 Meinungsbildung

Bei dem Sportzentrum-Projekt in Gries/Elsass waren starke Akteure die direkt betroffenen Vereine. Herausragende Rollen spielten der Ringerclub und der Basketball Verein. Für eine kleine französische Gemeinde dieser Größenordnung ist es außergewöhnlich, dass gleich Mannschaften in zwei Sportarten auf nationaler Ebene überaus erfolgreich aktiv sind. Der Ringerclub kämpft mit seiner besten Mannschaft auf nationalem Niveau und ist international vertreten, beispielsweise mit Sportlern und Funktionären bei den Olympischen Spielen 2012 in London.[cxxi] Die Herrenmannschaft des Basketball Vereins spielt immerhin in der zweiten Nationalliga in Frankreich mit und der Verein ist Ausrichter nationaler Meisterschaften in dieser Sportart.[cxxii] Um auf diesem hohen Niveau wettbewerbsfähig zu sein, bedarf es entsprechender Trainings- und Wettkampfbedingungen. In der ursprünglichen Halle waren diese auf Dauer nicht mehr gegeben. Von daher entstand ein hoher Handlungsdruck auf die politischen Akteure und eine entsprechend hohe Akzeptanz in der Bevölkerung. Durch die Verbindungen in nationale Funktionärsstrukturen im Sportbereich bekam das Projekt auch die erforderliche überregionale Anerkennung und Beachtung, was sich letztlich auf die Genehmigungsphase und die Finanzierung positiv auswirkte.

Ein hoher Handlungsdruck hatte positive Auswirkungen auf das Gewerbegebietsprojekt in Schönenberg-Kübelberg. In einem strukturschwachen Umfeld in der Westpfalz positionierte sich Schönenberg-Kübelberg lange Jahre als eher finanzschwache Wohngemeinde mit einer Vielzahl von Einschränkungen. Die Strukturschwäche lässt sich an der Tatsache ablesen, dass die Kommunalverwaltung bis zur Ansiedlung es ersten Betriebes im neuen Gewerbegebiet mit Abstand der größte Arbeitgeber war, gefolgt von der ökumenischen Sozialstation, die überwiegend Teilzeitkräfte beschäftigte. Einschränkungen für die bauliche und strukturelle Entwicklung der Gemeinde Schönenberg-Kübelberg sind zahlreiche Schutzgebiete. So liegt Schönenberg-Kübelberg im Wasserschutzgebiet des Wasserzweckverbandes Ohmbachtal, der mehr als 40.000 Menschen mit Wasser versorgt und dieses Trinkwasser nahezu ausschließlich auf der südlichen Gemarkung der Gemeinde dem Grundwasser entnimmt. Einschränkungen ergeben sich aus dem Munitionsdepot Miesau, dem größten Depot der US-Streitkräfte in Europa. Zwei Drittel der Depotfläche liegen auf der Gemarkung von Schönenberg-Kübelberg. Die umliegenden Schutzzonen sind massive Einschränkungen für die bauliche Entwicklung der Gemeinde. Das Landschaftsschutzgebiet Höcherbergland engt die Entwicklung Schönenberg-Kübelbergs ein ebenso wie die Hochwasserschutzeinrichtung des Ohmbach-Stausees. In der regionalen Raumordnung ist für Schönenberg-Kübelberg als wichtige Funktion die Freihaltung von Natur- und Landschaft gefordert.[cxxiii] Als dann die potenzielle Abwanderung der Firma des Investors mit Sitz in Waldmohr bekannt wurde, waren sich alle kommunalen Akteure einig, dass alles getan werden muss, um diese Firma in der Region zu halten. Dieses wurde auch von einem überaus heimatverbundenen Firmeninhabers unterstützt, der ebenfalls einen erheblichen persönlichen und finanziellen Einsatz für die Realisierung des Gewerbegebietes brachte. Dokumentieren lässt sich dieses gebündelte Engagement in der Tatsache, dass alle Beschlüsse zu diesem Vorhaben im Ortsgemeinderat, im Verbandsgemeinderat und im Kreistag einstimmig gefasst wurden. Ohne Gegenstimme und ohne Enthaltungen.[cxxiv]

Anders stellte sich die Situation beim Projekt Kulturhaus Kübelberg dar. Dieses war wesentlich umstrittener und weniger einmütig. Nicht allen erschloss sich die Notwendigkeit für dieses ambitionierte Vorhaben und das Verhältnis von Aufwand und Nutzen wurde auch vermehrt in Frage gestellt. Im Abstimmungsverhalten der Gemeinderatsmitglieder spiegelt sich diese Situation wieder. Die zur Umsetzung notwendigen Beschlüsse wurden selten einstimmig gefasst, vielmehr gab es Nein-Stimmen und Enthaltungen. Nach der Fertigstellung des Kulturhauses mit gehobener Gastronomie, historischem Trauzimmer, Räumen für ständige und wechselnde Ausstellungen sowie einem ansprechenden Außengelände stieg allerdings die Akzeptanz deutlich an.

3.3.3 Beschlüsse

Interessant ist, welche Gremien jeweils wie oft während der Ausführung eines Projektes beteiligt waren und welche Beschlüsse notwendig waren.

Für das Sportzentrum Espace Sports „La Forêt" fasste der Gemeinderat von Gries am 7. Oktober 2002 den ersten Grundsatzbeschluss im Rahmen des Programmes der Investitionen für die kommenden Jahre. Es folgte ein zweiter Beschluss zur grundsätzlichen Realisierung des Vorhabens am 27. Oktober 2003. Unmittelbar waren fünf Beschlüsse mit Details der Planung nötig, acht Beschlüsse befassten sich mit der Finanzierung des Projektes und in 15 Beschlüssen regelte der Gemeinderat die Vergabe der notwendigen Aufträge an die einzelnen Firmen. Zwei Jahre nach Fertigstellung beschloss der Gemeinderat am 14. Dezember 2009 den Namen für das Sportzentrum. Man wählte „Adrien Zeller" aus. Adrien Zeller war von 1996 bis 2009 Präsident des Generalrates.

Für das Projekt zum Umbau der alten Schule zur Nachmittagseinrichtung für Grundschulkinder in Gries folgte dem ersten Beschluss zur Programmaufstellung am 11. Januar 2008 der zweite Grundsatzbeschluss zur Realisierung am 28. März 2011 im Gemeinderat Gries. Zwei Beschlüsse befassten sich mit dem Prinzip der Ausführung, vier Beschlüsse mit der Finanzierung und ebenfalls vier Beschlüsse mit der Auftragsvergabe an die Baufirmen.

Für den ersten Bauabschnitt des Gewerbegebietes in Schönenberg-Kübelberg beriet der Ortsgemeinderat etwa 15 Mal, zwei Mal der Verbandsgemeinderat und einmal der Kreisausschuss. Für das Kulturhaus Kübelberg allein musste der Ortsgemeinderat mindestens 26 Mal zusammentreten. Ein bemerkenswertes Phänomen ist, dass mit der Größe und Komplexität eines Projektes die Zahl der Beschlüsse in den kommunalen Gremien weniger wird.

3.3.4 Planung und Anträge

Mit den Planungen der Projekte war jeweils ein Fachbüro beauftragt. Die notwendigen Anträge für Genehmigungen und Zuschüsse wurden entweder von der Gemeindeverwaltung in Gries/Elsass bzw. von der Verbandsgemeindeverwaltung in Schönenberg-Kübelberg ausgearbeitet und bei den jeweils zuständigen Stellen eingereicht. Bei der Ausarbeitung des umfangreichen Antrages auf EU-Gelder aus Mitteln des Strukturfonds für das Projekt in Rheinland-Pfalz waren im Wesentlichen die Mitarbeiter/-innen des Landesministeriums für Wirtschaft, Klimaschutz, Energie und Landesplanung tätig, da die umfassende und überaus komplizierte Bewertung einzelner Details im Antragsverfahren von der Kommunalverwaltung nicht ohne weiteres möglich gewesen wäre.

3.3.5 Genehmigungen, Zusagen

Für die französischen Projekte kamen die Genehmigungen der Zuschüsse vom Präsidenten der Communauté de Communes, vom Präsidenten des Departements und vom Regionalrat. Die notwendigen Genehmigungen für den Bau des Vorhabens erteilte der Präfekt des Departements.

In Rheinland-Pfalz waren an der Finanzierung des Gewerbegebietes mehrere Geldgeber beteiligt. So kamen finanzielle Zusagen von der Kreisverwaltung und dem Wirtschaftsministerium des Landes. An der baulichen Genehmigung des Vorhabens war die Kreisverwaltung als untere Bauaufsichtsbehörde federführend. Sowohl für die Baugenehmigung als auch für die Finanzierungszusage des Landes waren zahlreiche Fachbehörden des Landes eingebunden, wie beispielsweise Fachbehörden für Wasserwirtschaft, Forsten und Landespflege. Die Finanzierungszusage für das Kulturhaus Kübelberg kam von der Aufsichts- und Dienstleistungsdirektion Trier als für die in Sachen Dorferneuerung zuständige beauftragte Stelle des rheinland-pfälzischen Innenministeriums.

3.3.6 Auftragsvergabe

Die Art der Auftragsvergabe ist abhängig von der Größe des Auftrages. Aufträge bis zu einer vom Rat in der Hauptsatzung festgelegten Betragsgrenze kann der/die Bürgermeister/-in direkt erteilen. Falls vom Gemeinderat ermächtigt, kann ein Ausschuss des Rates Aufträge erteilen, ansonsten entscheidet der Gemeinderat selbst. Als Verfahren kennt die Gemeindehaushaltsverordnung in Rheinland-Pfalz die freihändige Vergabe, die beschränkte und die öffentliche Vergaben. Bei den Vergabeverfahren gelten bei großen Projekten die europäischen Wertgrenzen für europaweite Ausschreibungen. Grundsätzlich sind Aufträge der öffentlichen Hand öffentlich auszuschreiben.[cxxv] Dies ist in Frankreich ähnlich. Dort gibt es kodifizierte Verfahren und adaptierte Verfahren, die bei unterschiedlichen Auftrags- und Schwellenwerten zum Einsatz kommen. Zu den in Deutschland bekannten Verfahrensarten der öffentlichen Hand, kennt Frankreich auch ein Verhandlungsverfahren oder den Wettbewerblichen Dialog.[cxxvi]

Betrachtet man die Ausgaben der Gebietskörperschaften unterteilt in Bund, Länder und Gemeinden so ergibt sich ein Bild, dass rund zwei Drittel der öffentlichen Investitionen von Gemeinden und Gemeindeverbänden in Deutschland getätigt werden. Die Personalausgaben der Gemeinden sind doppelt so hoch wie die des Bundes. Insgesamt kommt den Ausgaben der Länder und der Gemeinden ein deutlich höheres Gewicht zu als den Ausgaben des Bundes.[cxxvii] In Frankreich ist der Anteil der öffentlichen Ausgaben gemessen am Brutto-Inlandsprodukt noch deutlich höher. Den 47,6 % in Deutschland steht ein Anteil der öffentlichen Ausgaben am Bruttoinlandsprodukt (BIP) in Frankreich von 56 % gegenüber.[cxxviii]

3.3.7 Durchführung

Mit der Leitung und Überwachung der konkreten Baumaßnahmen ist regelmäßig ein externes Fachbüro beauftragt. Vom jeweiligen Interesse der beteiligten Personen hängt es ab, wieweit sich beispielsweise der/die Bürgermeister/-in, die Ratsmitglieder oder auch die Öffentlichkeit für ein Projekt interessieren. Hier gibt es keine erkennbaren Unterschiede zwischen den Projekten in der Pfalz und dem Elsass. Eine beachtenswerte Rolle spielt bei den Projekten in der Pfalz die Verbandsgemeindeverwaltung. Sowohl bei dem Gewerbegebiets- als auch bei dem Kulturhausprojekt haben sich einzelne Mitarbeiter/-innen des Rathauses in Schönenberg-Kübelberg sehr stark in der Bauphase und auf den Baustellen vor Ort eingesetzt. Hierbei wurden sehr stark fachliche Dinge mit den ausführenden Firmen diskutiert, die ordnungsgemäße Ausführung der Arbeiten kontrolliert, aber auch die Interessen der Ortsgemeinde bei offenen Gestaltungsfragen vertreten. Interessant wäre hier eine detaillierte Untersuchung, wieweit sich dieses starke Engagement auf die Qualität der durchgeführten Arbeiten einerseits und auf die Einhaltung der ursprünglich geplanten Kosten andererseits auswirkt. Eine solch starke Einwirkungsmöglichkeit auf die Ausführungen der Arbeiten auf den kommunalen Baustellen haben die kleinen französischen Kommunen nicht.

3.3.8 Abschluss

Zur Bauabnahme nach Fertigstellung erscheinen in beiden Ländern alle fachlich beteiligten Behörden, um das gemeinsame Übergabeprotokoll auszufertigen. Regelmäßig werden kommunale Projekte größeren Umfanges im Rahmen einer mehr oder weniger aufwändigen Veranstaltung öffentlich abgeschlossen. Hierbei ist die Reihenfolge der Redner in beiden Regionen unterschiedlich. Während in Frankreich am Anfang der Festansprachen der/die Bürgermeister/-in der Gemeinde steht und ihm dann die Repräsentanten/Repräsentantinnen der nächst größeren Einheit folgen, ist es in Rheinland-Pfalz umgekehrt. Dort beginnt der/die Repräsentant/-in der höchsten Stufe und es endet mit dem Vertreter/der Vertreterin auf Gemeindeebene.[cxxix]

Abschließend werden umfangreiche Verwendungsnachweise zusammengestellt und an die jeweiligen Zuschussgeber gesandt.

3.3.9 Revision

Die ordnungsgemäße Verwendung der Mittel wird auf unterschiedlichen kommunalen und staatlichen Ebenen geprüft. In Rheinland-Pfalz prüft zunächst der örtliche Rechnungsprüfungsausschuss des Gemeinderates jedes Jahr den Abschluss der Jahresrechnung. Hierzu werden ihm alle Zahlungsbelege mit Anlagen vorgelegt. Naturgemäß ist nur eine stichprobenhafte Prüfung möglich. Im Einzelfall kann die Prüfung jedoch bis in jedes kleine Detail vorstoßen. Das überörtliche Gemeinde- und Rechnungsprüfungsamt bei der Kreisverwaltung prüft die kompletten Unterlagen der Gemeinden in zeitlich unregelmäßigen Abständen. Nur selten kommen Vertreter/-innen des Landesrechnungshofes direkt in die Ortsgemeinde. Auch Prüfungen durch Beauftragte der Europäischen Kommission finden bei EU-geförderten Projekten regelmäßig statt. Dies können einfache Inaugenscheinnahmen des Projektes sein, wobei sich Prüfbeamte/-beamtinnen vor Ort die fertigen Projekte anschauen und insbesondere überprüfen, ob das vorgeschriebene Hinweisschild auf die EU-Förderung des Projektes vorhanden ist. Es ist aber auch eine sehr intensive und langwierige Prüfung aller Projektzusammenhänge durch die Beauftragten der EU möglich, wobei dann insbesondere die Ordnungsmäßigkeit der Vergaben von öffentlichen Aufträgen im Mittelpunkt der Prüfung stehen kann. Ergeben sich bei den Überprüfungen Anhaltspunkte, dass Fördergelder zu viel oder zu früh abgerufen wurden, werden Rückforderungen mit entsprechenden Verzinsungen geltend gemacht.

3.4 Europäische Förderkulisse 2007-2013

Auffallend bei dem Vergleich der Regionen Pfalz und Elsass ist, dass Fördergelder der Europäischen Union zwar in Rheinland-Pfalz zum

Einsatz kommen, im Elsass aber nur kommunale und staatliche Gelder für die Projekte der Gemeinde Gries fließen. Für beide Regionen bestehen Operationelle Programme der europäischen Regionalpolitik, die im Folgenden skizziert werden sollen.

3.4.1 Operationelles Programm „Rheinland-Pfalz"

Das Operationelle Programm „Rheinland-Pfalz" für den Zeitraum 2007-2013 füllt den Rahmen des Zieles „regionale Wettbewerbsfähigkeit und Beschäftigung" aus. Es hat ein Volumen von 331,5 Millionen Euro, 217 Mio Euro kommen aus dem Haushalt der EU. Gesamtziel des Programmes ist die Verbesserung der Lebens- und Arbeitsbedingungen in der Region und die Stärkung der Wettbewerbsfähigkeit, des nachhaltigen Wachstums und der Beschäftigung in den grenznahen und strukturell schwächeren Gebieten, insbesondere die Schaffung und den Erhalt von 5.000 Arbeitsplätzen. Existenzgründungen sollen unterstützt und Innovationen und Wissen gefördert werden. Die drei Prioritäten sind:

- Förderung der unternehmerischen Basis zur Schaffung von mehr und besseren Arbeitsplätzen,
- Förderung von Wissen und Innovation für mehr Wachstum und
- Förderung lokaler und regionaler Entwicklungspotentiale zur Erhöhung der Attraktivität der Region für Investoren und Arbeitskräfte.[cxxx]

3.4.2 Operationelles Programm „Alsace"

Das Operationelle Programm „Alsace" für den Zeitraum 2007-2013 fällt ebenfalls unter das Ziel „Regionale Wettbewerbsfähigkeit und Beschäftigung". Es hat ein Volumen von 303 Mio Euro, 76 Mio Euro davon kommen aus dem Haushalt der EU. Zielsetzung und Zweck des

Programmes ist die Ermittlung der Möglichkeiten der Region anhand einer Potentialanalyse, um die Produktionsmittel der Region im gewerblichen Bereich mit hoher Wertschöpfung nachhaltig zu entwickeln. Man möchte Innovationen zum Aufbau einer regionalen, wissensbasierten Wirtschaft fördern, die Wettbewerbsfähigkeit und Attraktivität der Fördergebiete stärken, eine dynamische Entwicklung von Problemvierteln unterstützen sowie die Energieeffizienz, u.a. durch den Ausbau regenerativer Energieträger, ausbauen. Mit den Investitionen hofft man u.a. 150 neue Existenzgründungen pro Jahr zu fördern, 50 Stellen für Forscher zu schaffen und fünf beispielhafte Energiesparprojekte anzuregen. Prioritäten des Programmes sind:

- Innovation und Unternehmertum in Europa,
- Steigerung der Attraktivität und der wirtschaftlichen Wettbewerbsfähigkeit,
- Aufwertung des Umweltpotenzials und
- Stärkung der Attraktivität und des Zusammenhalts der elsässischen Ballungsgebiete.[cxxxi]

Zur besseren Übersicht sollen die beiden Operationellen Programme in einer Tabelle gegenübergestellt werden.

	Operationelles Programm „Rheinland-Pfalz" 2007-2013	**Operationelles Programm „Alsace" 2007-2013**
Volumen	331,5 Mio Euro	303 Mio Euro
EU-Anteil	217 Mio Euro	76 Mio Euro
Nationaler öffentlicher Finanzierungs-beitrag	114,5 Mio Euro	227 Mio Euro
Ziele	• Förderung der Wettbe-werbsfähigkeit und Be-schäftigung, • Innovationspotenzial entwickeln • Nachhaltige städtische und ländliche Ent-wicklung fördern	• Förderung von Inno-vation zum Aufbau ei-ner regionalen wis-sensbasierten Wirt-schaft • Stärkung der Attrakti-vität und Wettbe-werbsfähigkeit • Unterstützung einer dynamischen Entwick-lung in Problemvier-teln • Förderung der Ener-gieeffizienz
Wirkung	• Schaffung und Erhalt von 5.000 Arbeitsplät-zen, • Unterstützung von Existenzgründungen • Förderung von Innova-tion und Wissen	• 150 neue Existenz-gründungen pro Jahr • 50 Stellen für Forscher • 5 beispielhafte Ener-giesparprojekte
Prioritäten	• Förderung der unter-nehmerischen Basis zur	• Innovation und Unter-nehmertum

	Schaffung von mehr und besseren Arbeitsplätzen • Förderung von Wissen und Innovation für mehr Wachstum • Förderung lokaler und regionaler Entwicklungspotentiale zur Erhöhung der Attraktivitä für Investoren und Arbeitskräfte	• Steigerung der Attraktivität und der wirtschaftlichen Wettbewerbsfähigkeit • Aufwertung des Umweltpotentials • Stärkung der Attraktivität und des Zusammenhalts der elsässischen Ballungsgebiete
Zuständigkeit	Ministerium für Wirtschaft, Klimaschutz, Energie und Landesplanung	Direction des Relations Européennes et Internationales, Strasbourg. Das ist eine nachgeordnete Behörde des Bildungsministeriums

Tabelle 7: Gegenüberstellung der Operationellen Programme Rheinland-Pfalz - Alsace[cxxxii]

4   Gemeinsamkeiten Rheinland-Pfalz – Elsass

Auf der Grundlage der hier dargestellten kommunalen Strukturen und der darin realisierten kommunalen Projekte lassen sich Gemeinsamkeiten und Unterschiede erkennen, die nun ausführlicher untersucht werden. Zunächst geht es um die Gemeinsamkeiten in Rheinland-Pfalz und im Elsass. Wobei allerdings anzumerken ist, dass hier jeweils eine vergleichbare theoretische Grundlage zu verstehen ist. Die praktische Umsetzung kann in den beiden Ländern dennoch stark abweichen.

4.1 Vermutung der Allzuständigkeit

In beiden Mitgliedstaaten ist bereits in den Verfassungen geregelt, dass grundsätzlich die Vermutung der Allzuständigkeit für Aufgaben innerhalb ihres Gebietes bei den Gemeinden als unterste Stufe der Selbstverwaltung liegt. Dies gilt, soweit nicht durch Gesetz ausdrücklich eine andere Zuordnung von Aufgaben auf andere kommunale oder staatliche Stellen geregelt ist. Während die Gemeinden in Rheinland-Pfalz auf eine sehr lange Tradition der kommunalen Selbstverwaltung mit Allzuständigkeit im Sinne des Freiherren von Stein zurückblicken, ist dies in Frankreich erst sei den beiden Reformwellen in den Jahren 1982/83 und 2003 der Fall.

4.2 Finanzausstattung

In beiden Ländern ist ebenfalls auf Verfassungsebene geregelt, dass den Kommunen ausreichende Finanzmittel zur Verfügung stehen müssen und diese selbst im Rahmen der Gesetze über die Höhe der jeweiligen Hebesätze auf der kommunalen Ebene bestimmen können. Bei der Übertragung von staatlichen Aufgaben haben die Gesetzgeber gleichzeitig deren Finanzierung sicherzustellen. Bei sich ändernden Bedingungen besteht für den Staat die Pflicht, die Finanzausstattung entsprechend anzupassen.

4.3 Horizontaler und vertikaler Finanzausgleich

In beiden Ländern sind die Gemeinden und Gemeindeverbände in ein komplexes System des vertikalen und horizontalen Finanzausgleiches eingebunden. Der Staat hat insgesamt die Aufgabe für einen gewissen Ausgleich von armen und reichen Gemeinden oder Regionen zu sorgen.

Dieses ist in der Theorie zwar in beiden Ländern gleich. Offenbar ist die Realität jedoch in beiden Ländern unterschiedlich. Während die französische Beispielskommune immerhin 50 % staatliche Gelder auf der Einnahmeseite verbuchen kann, ist der Finanzausgleich in Rheinland-Pfalz derzeit verfassungswidrig und bedarf einer dringenden Veränderung.

4.4 Direktwahl der kommunalen Vertretungsorgane

In beiden Ländern wählt die Bevölkerung direkt die kommunalen Vertretungskörperschaften. Bisher war der Rat der Communautés de Communes in Frankreich davon ausgenommen. Bei der nächsten französischen Kommunalwahl im Jahr 2014 werden die Mitglieder dieses Gremiums ebenfalls per Listenwahl direkt von der Bevölkerung gewählt werden. In beiden Ländern reicht die Möglichkeit der Direktwahl dann vom Gemeinderat bis zum Bezirkstag in Rheinland-Pfalz bzw. bis zum Regionalrat im Elsass. Über die kommunale Ebene hinaus wählt die Bevölkerung in Rheinland-Pfalz noch den Landtag und die Mitglieder des Bundestages, in Frankreich entsprechend die Mitglieder der Nationalversammlung. Ein dem rheinland-pfälzischen Landtag entsprechendes Organ gibt es in Frankreich nicht. Die Abgeordneten des Europaparlamentes werden in beiden Ländern ebenfalls von der Bevölkerung direkt gewählt. Hierbei unterscheiden sich jedoch die Wahlsysteme. Es gibt derzeit kein einheitliches Wahlrecht in der EU.

5 Unterschiede zwischen Gemeinden in Rheinland-Pfalz und im Elsass sowie deren Bewertung

Neben den vorgenannten Gemeinsamkeiten sind etliche Unterschiede in den kommunalen Strukturen in Rheinland-Pfalz und dem Elsass erkennbar geworden. Diese sollen nun aufgelistet und einer Bewertung unterzogen werden.

5.1 Maßstab für die Bewertung als Vor- oder Nachteil

Eine schwierige Frage bei der Einteilung von Unterschieden ist die Bewertung als Vor- oder Nachteil. Als einen Maßstab sollen in dieser Arbeit die Grundsätze in der Verfassung herangezogen werden Für Frankreich sind dies die Kriterien: unteilbare, laizistische, demokratische und soziale Republik und deren dezentrale Organisation. Für Deutschland sollen die Grundsätze aus Grundgesetz und Landesverfassung herangezogen werden. Es sind dies die Verwirklichung eines demokratischen und sozialen Bundesstaates, bei dem alle Staatsgewalt vom Volk ausgeht und dreigeteilt ist.

In der Theorie soll die politische Dezentralisierung der administrativen Dezentralisierung und diese der administrativen Dekonzentration überlegen sein.[cxxxiii] Bei der Bewertung ist festzustellen, wieweit dieser theoretische Ansatz in der Praxis relevant ist.

In einem ersten Schritt findet ein Abgleich statt, inwieweit die jeweilige Situation auf der untersten kommunalen Ebene mit den jeweiligen Verfassungsgrundsätzen des Landes im Einklang stehen. In einem zweiten Schritt werden die Unterschiede der beiden kommunalen Strukturen direkt gegeneinander gestellt und als Vor- bzw. Nachteile bewertet.

5.2 Verhältnis der kommunalen Gebietskörperschaften unterschiedlicher Ebenen zueinander

Für die Gemeinden in Frankreich regelt Artikel 72 der Französischen Verfassung, dass keine Gebietskörperschaft einer anderen vorstehen kann. Demnach ist jede kommunale Stufe für ihre Aufgaben selbst verantwortlich. Die Beschlüsse des Gemeinderates sind der staatlichen Stelle des Unter-Präfekten zu melden aber keiner anderen kommunalen Stelle.

In Rheinland-Pfalz führen die Verbandsgemeinden die Verwaltungsgeschäfte der Ortsgemeinden. Die Mitarbeiter/-innen der Verbandsgemeindeverwaltung bereiten auch die Beschlüsse der Ortsgemeinden vor und führen diese aus. Zwar ist die Verbandsgemeinde an die Beschlüsse von Rat und Ortsbürgermeister/-in gebunden, dennoch hat sie umfassend Einblick in deren Aktivitäten und kann diese beratend steuern. Der/die Bürgermeister/-in der Verbandsgemeinde hat Antragsrecht im Gemeinderat und unterliegt nicht der Ordnungsbefugnis des Ortsbürgermeisters/der Ortsbürgermeisterin bei Ratssitzungen. Außerdem hat er/sie das Recht, Beschlüsse des Ortsgemeinderates auszusetzen, wenn der Beschluss die Befugnisse des Rates überschreitet, gesetz- oder rechtswidrig ist, die Grundsätze der Wirtschaftlichkeit verletzt oder für Ausgaben keine Deckung im Haushalt vorhanden ist. [cxxxiv]

Während in Frankreich jede kommunale Stufe eigene Einnahmen hat, zahlen in Rheinland-Pfalz die Ortsgemeinden eine Umlage an die Verbandsgemeinde und an den Landkreis. Die Verbandsgemeinden zahlen eine Umlage an den Landkreis und die Landkreise eine Umlage zum Bezirksverband. Die Höhe der zu zahlenden Umlage wird jeweils von der kommunalen Stufe festgelegt, die diese Umlage erhält.

Bewertung

Das französische System gibt den Gemeinden als unterste Stufe der kommunalen Selbstverwaltung eine sehr starke und eigenständige Stellung. Rechenschaft und Aufsicht besteht nur im Verhältnis zu staatlichen Stellen, nicht aber zu anderen kommunalen Gebietskörperschaften. Die Aufgaben sind zwischen den kommunalen Stufen klar verteilt, entweder durch Gesetz oder durch selbstbestimmte Aufgabenübertragung.

In Rheinland-Pfalz sind die kommunalen Stufen eng mit einander verwoben, sowohl durch finanzielle Zahlungen von unten nach oben als auch durch Kontroll- und Aufsichtsfunktionen der nächst höheren kommunalen Stufe über die jeweils untere kommunale Stufe. Dies erweckt zuweilen den Eindruck und das Lebensgefühl einer Über- und Unterordnung.

Hier liegt ein Vorteil des französischen Modells, dass der kommunalen Selbstverwaltung ein deutlich höheres Maß an Eigenverantwortung zugesteht.

5.3 Ausführen der Verwaltungsgeschäfte

Im Elsass hat jede Gemeinde eine eigene Verwaltung. Diese ist zwar klein, aber voll verantwortlich, auch für die eigenen Kassengeschäfte. Der/die ehrenamtliche Bürgermeister/-in und die ehrenamtlichen Beigeordneten sind stark in die Verwaltungsgeschäfte eingebunden. Dies betrifft sowohl die eigenen Selbstverwaltungsaufgaben als auch die übertragenen staatlichen Aufgaben. So nimmt der/die ehrenamtliche Bürgermeister/-in die Trauungen vor und ist direkt für polizeiliche Maßnahmen zuständig.

In Rheinland-Pfalz führen die hauptamtlich besetzten Verbandsgemeindeverwaltungen die Verwaltungsgeschäfte der Ortsgemeinden in deren Namen und gebunden an die Beschlüsse von Ortsgemeinderat und Ortsbürgermeister/-in. Den Ortsgemeinden steht zwar die Haushaltshoheit über eine eigene Haushaltssatzung mit Haushaltsplan zu. Sie haben aber keine eigenen Kassen. Vielmehr gibt es für alle Ortsgemeinden einer Verbandsgemeinde eine sogenannte Einheitskasse,[cxxxv] die ausschließlich von der Verbandsgemeinde geführt wird. Der Ortsbürgermeister hat keine Anordnungsbefugnis für Zahlungen jeglicher Art.

Bewertung:

Die eigenständige Führung der Verwaltungsgeschäfte unterstreicht die Selbständigkeit französischer Gemeinden. Allerdings erfordert dieses Modell ein sehr hohes Maß an Engagement und Fachkenntnissen bei den ausschließlich ehrenamtlich tätigen politisch Verantwortlichen wie Bürgermeister/-in und Beigeordneten. In Rheinland-Pfalz ist die Verwaltungstätigkeit den ehrenamtlichen Bürgermeister/-innen und Beigeordneten weitgehend entzogen und hauptamtlichen Mitarbeitern/Mitarbeiterinnen der Verwaltung übertragen. Dies entlastet das Ehrenamt und stellt eine professionelle Abwicklung der Verwaltungsgeschäfte sicher. Andererseits schwächt es die eigenständige Selbstverwaltung auf der untersten kommunalen Ebene.

Bei der Vielzahl von Gemeinden in Frankreich und der zum Teil sehr geringen Größe von Ortsgemeinden in Rheinland-Pfalz (die kleinste Ortsgemeinde hat nur acht Einwohner) bei gleichzeitig wachsender Komplexität der rechtlichen Anforderungen, erscheint das Modell einer hauptamtlich besetzten Verwaltung effizienter. Also dementsprechend ein Vorteil für das Modell in der Pfalz was die Professionalität des Verwaltungshandelns angeht. Im Hinblick auf die Selbständigkeit der Gemeinden ist das französische Modell als Vorteil zu bewerten.

5.4 Wahl der Bürgermeister/-innen direkt oder indirekt

In Rheinland-Pfalz werden die Ortsbürgermeister/-innen direkt von der Bevölkerung in einer Mehrheitswahl gewählt. Sie haben eine Amtsdauer von fünf Jahren, die parallel zur Legislaturperiode des Ortsgemeinderates verläuft. Sie müssen nicht zwingend Mitglieder des Ortsgemeinderates sein, vielmehr verlieren sie ihre Mandate im Rat, sobald sie das Amt des Ortsbürgermeisters annehmen. Der/die Bürgermeister/-in der Verbandsgemeinde wird ebenfalls direkt von der Bevölkerung für eine Amtsdauer von acht Jahren gewählt. Die Amtsdauer ist unabhängig von der Legislaturperiode des Rates der Verbandsgemeinde. Er/sie muss nicht aus den Reihen des Rates kommen, vielmehr ist ein eigenständiges Wahlverfahren zu durchlaufen, unabhängig von anderen Kommunalwahlen.

Im Elsass wählt der Gemeinderat den/die Bürgermeister/-in aus seinen eigenen Reihen für die Amtszeit von sechs Jahren. Diese ist gekoppelt an die Legislaturperiode des Gemeinderates. Der/die Präsident/-in des Gemeindeverbandes wird von dem Vertretungsorgan der Communautés de Communes gewählt und soll Bürgermeister/-in einer angehörigen Gemeinde sein. Die Amtszeit läuft gemeinsam mit der Legislaturperiode des Rates.

Bewertung:

Die Direktwahl der Bürgermeister/-innen durch die Bevölkerung ist unstrittig ein zusätzliches demokratisches Element in Rheinland-Pfalz. Durch die Direktwahl stärkt sich die demokratische Legitimation und verleiht ihnen ein höheres Maß an Unabhängigkeit vom Rat. Andererseits sind Konstellationen denkbar, bei denen der/die Bürgermeister/-in nicht über eine eigene Mehrheit im Rat verfügt, was seine/ihre Arbeit erheblich erschweren und behindern kann. Dieses zwingt zu einer eher auf Ausgleich und Konsens beruhenden Arbeitsweise. Unter dem Argument der demokratischen Mitbestimmung der Bevölkerung wiegt die Direktwahl der Bürgermeister/-innen in Rheinland-Pfalz schwerer.

5.5 Bürgermeister/-innen im Ehrenamt vs. Hauptamt

Im Elsass sind Bürgermeister/-innen der Gemeinde und des Gemeindeverbandes ehrenamtlich tätig. In Rheinland-Pfalz hingegen ist der/die Ortsbürgermeister/-in ehrenamtlich und der/die Bürgermeister/-in der Verbandsgemeinde sowie der Landrat/die Landrätin hauptamtlich. Die ehrenamtlichen Bürgermeister/-innen erhalten in Rheinland-Pfalz nach zwei Legislaturperioden einen Ehrensold. Die hauptamtlichen Bürgermeister/-innen müssen sich derzeit noch bis zu seinem 60. Lebensjahr der Wiederwahl stellen, da sie ansonsten ihre Versorgungsansprüche verlieren. Die Versorgung der ehrenamtlichen Bürgermeister/-innen in Frankreich ist nach deren Amtsende bisher nicht vorgesehen.

Bewertung:

Das durchgängig ehrenamtliche System im Elsass in Verbindung mit der Wahl der Bürgermeister/-innen durch den Rat führt dazu, dass sich die Kandidaten/Kandidatinnen aus einer großen Überzeugung und mit einem sehr hohen persönlichen Engagement für diese Aufgabe heraus zur Verfügung stellen. Wer nicht wirklich das Amt des Maire einer französischen Gemeinde aus starker persönlicher Motivation heraus übernehmen möchte, hat keinen wirklichen Anreiz, dieses zu tun. Anders sieht es zum Teil in Rheinland-Pfalz aus. Während das Amt des Ortsbürgermeisters ebenfalls ein sehr hohes persönliches und politisches Engagement voraussetzt, ist bei der Ebene der hauptamtlichen Bürgermeister/-innen und Landräte/Landrätinnen eher festzustellen, dass neben dem politischen Interesse auch die fachliche Qualifikation ein immer wichtigerer Faktor wird. Ein Wechsel aus einem anderen Beruf heraus an die Spitze einer Kommunalverwaltung ist mit wesentlich mehr Unsicherheiten verbunden als dies etwa für beispielsweise Verwaltungsfachkräfte der Fall ist. Vor diesem Hintergrund tendieren die Bürgermeister/-innen im Ehrenamt eher zu einer starken politischen und persönlichen Motivation, während die Bürgermeister/-innen im Hauptamt eher an verwaltungsbezogenen und fachlichen Kriterien ihre Karrieren planen. Hier einen Vor- oder Nachteil festzustellen erscheint sehr schwierig, weil die Unterschiede eher im persönlich-politischen Bereich liegen und demnach weniger anhand von verfassungsmäßigen Vorgaben festzumachen sind. Festzustellen ist allerdings, dass die Modelle auch weiterhin der Veränderung unterworfen sind. So soll beispielsweise die finanzielle Versorgung der französischen Bürgermeister/-innen nach ihrem Amtsende verbessert werden. In Rheinland-Pfalz wurde erst 1993 die Direktwahl der hauptamtlichen Bürgermeister/-innen eingeführt mit gleichzeitiger Verkürzung der Amtszeit von zehn auf nun acht Jahre.

5.6 Dauer der Legislaturperiode 5 Jahre vs. 6 Jahre

Während die Wahldauer der kommunalen Gremien in Rheinland-Pfalz bei fünf Jahren liegt, werden die kommunalen Räte im Elsass auf eine Dauer von sechs Jahren gewählt.

Bewertung:

Der Unterschied ist letztlich nicht als so besonders groß einzuschätzen. Grundsätzlich ermöglicht eine kürzere Amtszeit ein höheres Maß an demokratischer Kontrolle durch die Bürgerinnen und Bürger durch eine Bestätigung im Amt oder eine Abwahl der Mandatsträger/-innen. Die etwas längere Zeit im Amt gewährleistet ein höheres Maß an Kontinuität und gibt Spielraum, Projekte von Anfang bis Ende in einer Legislaturperiode umzusetzen. Bei stabilen Demokratien ist hier weder ein entscheidender Vor- noch ein Nachteil zu erkennen.

5.7 Wahlsysteme zum Gemeinderat

Die Wahlverfahren in beiden Ländern sind eher unterschiedlich. Gemeinsam ist ihnen neben den allgemeinen Grundsätzen für demokratische Wahlen, die frei, einheitlich, geheim, unmittelbar und gleich sind, allerdings die ständige Überarbeitung und Fortschreibung. Bezüglich der Gleichstellung von Mann und Frau unternimmt das Land Rheinland-Pfalz mit der Änderung des § 15 des Kommunalwahlgesetzes einen ersten Schritt. In Absatz 4 wird die Forderung erhoben, dass Frauen und Männer gleichmäßig in Vertretungsorganen repräsentiert sein sollen (Geschlechterparität). In Frankreich ist die Gleichstellung von Mann und Frau bereits umgesetzt. Auf den Listen müssen sich männliche Kandidaten und weibliche Kandidatinnen abwechseln.

Bewertung:

Die Wähler in Rheinland-Pfalz haben mehr Möglichkeiten auf die Zusammensetzung der kommunalen Vertretungsorgane einzuwirken, als dies in Frankreich der Fall ist. So gibt es die Möglichkeit des Streichens von Namen auf den vorgelegten Listen der Parteien und Wählergruppen in beiden Ländern. Zusätzlich gibt es in Rheinland-Pfalz die Möglichkeit durch kumulieren Kandidaten oder Kandidatinnen bis zu drei Stimmen zu geben, auch quer durch alle Listen. Die Gleichstellung von Mann und Frau soll in Rheinland-Pfalz erst angestrebt werden. Das Wahlsystem in Frankreich hat eher machtpolitische Elemente. Die Folgen der Mischung aus Verhältnis- und Mehrheitswahl sind zum einen klare mehrheitsbildende Effekte, allerdings verbunden mit einem unterschiedlichen Wert der einzelnen Stimmen. Dies geht einher mit einer Verzerrungen des Verhältnisses von abgegebenen Stimmen und zugeteilten Mandaten. Letztlich benachteiligt das französische System die Chancen der kleineren Parteien.[cxxxvi] Die Gleichstellung von Mann und Frau muss auf den französischen Wahllisten gewährleistet sein. Somit ist im rheinland-pfälzischen System die demokratische Gestaltungsvielfalt größer als in Frankreich. Das ist als ein Vorteil zu werten. Andererseits ist das französische Wahlsystem zum Gemeinderat eher geeignet klare Mehrheitsverhältnisse zu schaffen und es setzt die Gleichstellung von Mann und Frau konsequent um. Darin ist ein Vorteil des französischen Systems zu erkennen.

5.8 Verhältnis zum Bund/zur Nation

Die Gemeinden im Elsass sind in mehrfacher Hinsicht unmittelbar mit der nationalen Ebene verbunden. Die Bürgermeister/-innen sind sogar institutionell als sogenannte „Große Wähler" in die Wahlen des Senats auf nationaler Ebene aktiv. Ihnen steht der Zugang zu nationalen Fördermöglichkeiten grundsätzlich offen.

Für eine Gemeinde in Rheinland-Pfalz endet der Zugang zur staatlichen Verwaltung in der Regel auf Landesebene. Dort werden die staatlichen Aufgaben des Bundes ausgeführt. Dieser Grundsatz wurde in der letzten Zeit durchbrochen. Dies macht sich an zwei aktuellen Beispielen fest. Erstens ist da die Änderung des Grundgesetzes zu erwähnen, die auf kommunaler Ebene eine Zusammenarbeit zwischen dem örtlichen Träger der Sozialhilfe, in der Regel die Landkreise und den Agenturen für Arbeit, auf eine rechtliche Basis stellte, um die Jobcenter in den sogenannten Optionskommunen zu schaffen. Zweitens gibt es seit kurzem finanzielle Förderung des Bundes für den Bau von Kindertagesstätten in den Kommunen. Eine dritte Ausnahme bildet beispielsweise die Förderung bestimmter kommunaler Energiesparmaßnahmen durch den Bund. Als Aufgabenträger ist hier ein privates Institut tätig.

Bewertung:

Dieser Unterschied ist jeweils verfassungskonform. Hierin dokumentiert sich insbesondere der Unterschied zwischen dem französischen Einheitsstaat und dem deutschen föderalen Bundesstaat. Hier einen Vor- oder Nachteil zu erkennen erweist sich als schwierig. Das französische Modell ermöglicht den direkten Kontakt zur Spitze des Einheitsstaates, während in Deutschland eine allzu große Allmacht der Bundesebene gezielt verhindert werden soll.

5.9 Trennung kommunaler und staatlicher Aufgaben

Während in Frankreich eine klare Trennung von staatlicher und kommunaler Verwaltung besteht, sind in Rheinland-Pfalz die Kreisverwaltungen der Landkreise sowohl staatliche Verwaltung als auch eine Gebietskörperschaft der kommunalen Selbstverwaltung. Die Landkreise fungieren als untere Landesbehörde beispielsweise bei der Wasserwirtschaft, der Landespflege oder als Bauaufsichtsbehörde. Ebenso auch als Aufsichtsbehörde mit der Rechtsaufsicht über die Orts- und Verbandsgemeinden. Bei den Landkreisen ist ein staatlicher Beamter/eine staatliche Beamtin installiert. Auf der einen Seite stärkt dies die Rolle des Landrates gegenüber den untergeordneten Gemeinden und Gemeindeverbänden. Andererseits besteht ein unmittelbarer Zugriff auf die Kreisebene durch die Landesverwaltung, was die Handlungsfreiheit der Kreisverwaltung eher einschränkt.

Bewertung:

Wünscht man eine klare Aufgabenzuordnung und die Vermeidung von Interessenskonflikten bietet das französische Modell Vorteile. Dies steht gegen eine etwas schlankere Verwaltungsstruktur auf unterster Ebene nach dem Modell in Rheinland-Pfalz. Als unerwünscht in diesem Modell kann die Tatsache angesehen werden, dass den Landräten/Landrätinnen eine überaus starke Stellung auf Landesebene zukommt. Dieses Ungleichgewicht im Verhältnis zu den übrigen kommunalen Gebietskörperschaften wird zuweilen aus deren Sicht als Nachteil empfunden.

5.10 Staatliche Kontrolle kommunaler Beschlüsse

Jeder Beschluss eines französischen Gemeinderates ist dem Unterpräfekten/der Unterpräfektin vorzulegen. Diese/-r hat zwei Wochen Zeit, diesen zu beanstanden. In Rheinland-Pfalz gibt es eine direkte Informationspflicht in dieser Form nicht. Zwar können Beschlüsse der Gemeinderäte in Rheinland-Pfalz von der Kommunalaufsicht beanstandet, aufgehoben oder ersetzt werden, das Einschreiten setzt aber einen Impuls durch die staatliche Kommunalaufsicht bei der Kreisverwaltung voraus. Die Beschlüsse der kommunalen Räte sind sofort wirksam. Einzelne Beschlüsse bedürfen allerdings auch in Rheinland-Pfalz einer besonderen Genehmigung, wie beispielsweise die Kreditermächtigungen in den Haushaltssatzungen oder Bebauungspläne. Für öffentlich-rechtliche Verträge gibt es Anzeigepflichten. Diese stellen aber lediglich ausgewählte Ausnahmen dar.

Bewertung:

Die ständige Kontrolle kommunaler Beschlüsse durch staatliche Stellen ist in Frankreich deutlich stärker ausgeprägt als in Rheinland-Pfalz. Die französischen Gemeinden haben gegenüber dem Unterpräfekten/der Unterpräfektin und den Präfekten/Präfektinnen als Organ der staatlichen Verwaltung im Arrondissement oder im Departement eine Bringschuld bezüglich der Informationen über die Arbeit in den Räten. Dieses ist im Hinblick auf die Handlungsfähigkeit im Rahmen der kommunalen Selbstverwaltung als eine Einschränkung zu sehen, stellt aber andererseits einen Vorteil bei der Gewährleistung des Einheitsstaates dar. Aus Sicht des Staates ist es wohl ein Vorteil. Aus Sicht der Kommune wird es eher als ein Nachteil bewertet.

5.11 Zuständigkeit für EU-Strukturförderung

Die Zuständigkeiten für die Operationellen Programme der europäischen Strukturförderung liegen in Rheinland-Pfalz direkt beim Wirtschaftsministerium, während im Elsass eine nachgeordnete Behörde des Bildungsministeriums zuständig ist. Dies ist dadurch zu erklären, dass der Innovations- und Wissensanteil der gewünschten Wirkung in Frankreich höher ist als in Rheinland-Pfalz. In Rheinland-Pfalz sollen gerade die Kommunen in ländlichen Regionen gestärkt werden.

Bewertung

Hier erscheint die Wertigkeit in Rheinland-Pfalz eindeutig höher eingestuft zu werden, zumindest was die Beteiligung der Kommunen an der Projektumsetzung betrifft. Die Förderziele können in Rheinland-Pfalz durch die Kommunen umgesetzt werden, während in Frankreich eher Wissenschaft und Hochschulen gefordert und gefördert sind.

Die folgende Tabelle fasst die Unterschiede der kommunalen Strukturen in Rheinland-Pfalz und im Elsass zusammen und markiert die jeweiligen Vor- und Nachteile.

Unterscheidungsmerkmal	Gemeinde in der Pfalz	Gemeinde im Elsass
Verhältnis der kommunalen Stufen zueinander	-	+
Führen der Verwaltungsgeschäfte: • Bezüglich der kommunalen Selbstverwaltung: • Im Hinblick auf Professionalität	- +	+ -
Wahl des Bürgermeisteramtes	+	-
Bürgermeister/in im Haupt- oder Nebenamt	~	~
Dauer der Legislaturperiode • Demokratische Kontrolle • Kontinuität	~ + -	~ - +
Kommunalwahlsystem • Demokratieverständnis • Klare Mehrheiten • Gleichberechtigung von Mann und Frau	 + - -	 - + +
Verhältnis Gemeinde – Nation	~	~
Trennung kommunale und staatliche Aufgaben	-	+
Staatliche Kontrolle	+	-

| Zugriff auf EU-Förderung | + | - |

+ = Vorteil, - = Nachteil, ~ = weder Vor- noch Nachteil

Tabelle 8: Gegenüberstellung Vor- und Nachteile kommunaler Strukturen[cxxxvii]

6 Zusammenfassung

Mit dieser Arbeit wurden die kommunalen Strukturen in Rheinland-Pfalz und im Elsass anhand konkreter Projekte miteinander verglichen und die Unterschiede als Vor- oder Nachteile bewertet. Dabei ist der europäische Zusammenhang berücksichtigt worden ebenso wie eine politische, rechtliche, soziologische und ökonomische Sichtweise.

Zusammenfassend ist festzustellen, dass die kommunale Selbstverwaltung in den beiden betrachteten Ländern Deutschland und Frankreich in der jeweiligen Verfassung einen hohen Stellenwert genießt. Während in Rheinland-Pfalz die lange Tradition der kommunalen Selbstverwaltung auf die Reformen des Freiherren vom Stein zurückgeht, sind eigenständige kommunale Strukturen in Frankreich erst 1982/83 und im Jahre 2003 geschaffen worden. Eine sehr große Zahl an zum Teil sehr kleinen Gemeinden wie es in Frankreich üblich ist, findet sich nur in Rheinland-Pfalz, nicht aber in den anderen deutschen Bundesländern. In Bezug auf die Europäische Union ist die kommunale Selbstverwaltung erstmals in den Verträgen von Lissabon festgeschrieben.

Eine rechtliche Analyse der kommunalen Situation ergibt, dass sich in beiden Ländern die Verfassungsgrundsätze in den kommunalen Strukturen wiederfinden. So zeigt sich der starke französische Einheitsstaat in der ständigen staatlichen Kontrolle der Kommunen, beispielsweise durch die Vorlagepflicht aller Ratsbeschlüsse bei der staatlichen Verwaltung des Arrondissements. Umgekehrt ist der Grundsatz der Bundesstaatlichkeit in Deutschland dadurch realisiert, dass die Bundesebene grundsätzlich keine direkte Durchgriffsmöglichkeit auf die kommunale Ebene hat. Diese ist den Ländern und ihren nachgeordneten staatlichen Stellen vorbehalten. Interessant ist bezüglich der sonst in Frankreich sehr strengen Trennung von Kirche und Staat, dass hierbei das Elsass eine besondere Ausnahme darstellt. Ausschließlich für das Elsass haben sowohl der Staatspräsident/die Staatspräsidentin als auch die Kommunen Verpflichtungen, die mit dem laizistischen System im Grunde nicht zu vereinbaren sind.

Unter politischen Gesichtspunkten haben Gemeinden in beiden Ländern die Generalzuständigkeit, also die Befugnis Angelegenheiten innerhalb ihres Gebietes selbst zu regeln. Dennoch sind Unterschiede zwischen Frankreich und Rheinland-Pfalz im Handlungsspielraum der Organe der kommunalen Selbstverwaltung zu erkennen. Während Gemeinden in Frankreich eine eigene, wenn auch nur zum Teil sehr kleine Verwaltung haben, werden die Gemeinden in Rheinland-Pfalz ausschließlich von den hauptamtlich geführten Verbandsgemeinden verwaltet. Die ausführenden Organe der französischen Kommunen sind bei Gemeinden und Gemeindeverbänden durchweg ehrenamtlich tätig und sind mit keiner nennenswerten finanziellen Absicherung über die Zeiten des Mandates hinaus ausgestattet. Rheinland-pfälzische Ortsbürgermeister/-innen sind ebenfalls ehrenamtlich tätig, erhalten aber nach zwei Amtszeiten einen Ehrensold. Die weiteren kommunalen Ebenen sind in Rheinland-Pfalz hauptamtlich geführt. Während in Frankreich die kommunalen Stufen gleichberechtigt nebeneinander stehen, gibt es in Rheinland-Pfalz schon Einwirkungsmöglichkeiten der größeren kommunalen Einheit auf die darunter liegende, nächst kleinere.

Die ökonomische Dimension der kommunalen Selbstverwaltung darf nicht unterschätzt werden. Der Anteil der Gemeinden an den Ausgaben der öffentlichen Hand gemessen am Bruttoinlandsprodukt ist sowohl in

Frankreich als auch in Deutschland größer als der Anteil des Bundes. Die Systeme des horizontalen und vertikalen Finanzausgleiches sollen vergleichbare Lebensverhältnisse in allen Regionen des jeweiligen Landes sicherstellen. Dieses scheint in Frankreich eher realisiert als in Rheinland-Pfalz. Das derzeitige System in Rheinland-Pfalz ist verfassungswidrig und bis zum 1. Januar 2014 neu zu regeln.

Soziologisch betrachtet zeigt sich bei den angeführten Beispielen, wie sich die Beteiligung der Bevölkerung an Entscheidungen und Projekten im unmittelbaren Lebensumfeld gestaltet. Ebenso ergeben sich Unterschiede bei der demokratischen Legitimation der Verantwortlichen in den Gemeinden. In Rheinland-Pfalz wählen die Bürgerinnen und Bürger nicht nur den Ortsbürgermeister/die Ortsbürgermeistern sondern auch die Bürgermeister/innen der Verbandsgemeinden und den Landrat/die Landrätin. Bei Wahlen zu kommunale Gremien und Parlamenten wird besonders großer Wert darauf gelegt, mit komplizierten mathematischen Verfahren, die jeweiligen Stimmenanteile der Listen möglichst exakt in dem jeweiligen Organ abzubilden. Tendenziell werden kleine Parteien oder Wählergruppen eher bevorzugt. Dies ist in Frankreich anders. Dort erhalten bei Verhältniswahlen eher große Parteien einen Vorteil und klare Mehrheitsverhältnisse sind wichtiger als ein exaktes Spiegelbild des Wahlergebnisses in den Räten.

Bezogen auf die Umsetzung von komplexen Projekten ist festzustellen, dass sich die zum Teil unterschiedlichen Regelungen nur bedingt bemerkbar machen. Die politischen Akteure sind sehr gut in der Lage, ihre Interessen und Vorhaben in den gegebenen Strukturen umzusetzen. Bei den hier aufgezeigten Maßnahmen waren letztlich keine gravierenden Unterschiede im Zeitablauf oder in der Effektivität der Strukturen erkennbar. Dies ist ein interessantes Phänomen und gibt Gelegenheit, die Gesamtsituation im Ansatz des europäischen Verwaltungsmanagements zu komprimieren. Demnach funktioniert das französische kommunale Modell aufgrund des hohen diplomatischen Geschickes der politischen

Akteure und deren intensiver Verflechtung sowohl in den kommunalen als auch in den staatlichen Strukturen. Das durchgängige Prinzip der Ehrenamtlichkeit setzt einen hohen persönlichen Einsatz voraus und belohnt dies weniger mit direkten finanziellen Vorteilen, dafür aber mit Reputation, Ansehen und Macht. Das kommunale Modell in Rheinland-Pfalz setzt auf klare Regeln, einem System aus staatlicher und kommunaler Kontrolle, einer professionellen Verwaltungsführung und einer angemessenen finanziellen Absicherung, auch über die Zeit des Mandates hinaus.

Abschließend ist festzuhalten, dass bei der eingehenden Betrachtung der kommunalen Strukturen in Rheinland-Pfalz und in Frankreich deutlich geworden ist, welch großen Stellenwert die regionalen und lokalen Besonderheiten für die Bevölkerung in ihrem unmittelbaren Lebensumfeld haben. Dieses gilt es bei der Weiterentwicklung der Europäischen Union zu berücksichtigen. Unverzichtbar sind die Beteiligung der Bürgerinnen und Bürger an Entscheidungsprozessen und die Bewahrung der Besonderheiten der lokalen und regionalen Lebensverhältnisse.

Literatur- und Quellenverzeichnis

ADD: Aufsichts- und Dienstleistungsdirektion Rheinland-Pfalz. www.add.rlp.de/ *(13. Juli 2013).*

Adam, Hermann: Wirtschaftspolitik und Regierungssystem der Bundesrepublik Deutschland – 3. Auflage. Hrsg. Bundeszentrale für politische Bildung, Verlag Leske + Budrich, Opladen, 1995.

Ambafrance: Internetseite der Französischen Botschaft in Berlin. http://www.ambafrance-de.org/ (6. Juli 2013).

Assembleé Natione: http://www.assemblee-nationale.fr/ (13. Juli 2013).

Bauer, Stefan: Kulturhaus Kübelberg – Neues Leben in alten Räumen, Hrsg. Ortsgemeinde Schönenberg-Kübelberg im Eigenverlag, 2011.

Bezirksverband Pfalz: http://www.bv-pfalz.de/ (1. Juni 2013).

Boettcher, Florian/Brand, Stephan/Junkernheinrich, Martin: Kommunaler Finanz- und Schuldenreport Rheinland-Pfalz. Hrsg. Bertelsmann Stiftung, Gütersloh, 2010.

BpB: Bundeszentrale für politische Bildung. http://www.bpb.de/ (13. Juli 2013).

Bundeswahlleiter: http://www.bundeswahlleiter.de/de/ (13. Juli 2013).

CCRE: Council of European Municipalities and Regions. http://www.ccre.org/en/ (13. Juli 2013).

Committee of Regions: Die Versammlung der Regional- und Kommunalvertreter der EU. http://cor.europa.eu/de/Pages/home.aspx (13. Juli 2013).

Conseil Géneral Bas-Rhin: Generalrat des Departement Bas-Rhin. http://www.bas-rhin.fr/ (13. Juli 2013).

DESTATIS: Statistisches Bundesamt. https://www.destatis.de/DE/ (13. Juli 2013).

DStGB: Deutscher Städte- und Gemeindebund. http://www.dstgb.de/ (13. Juli 2013).

EACEA: European Commission – Education, Audiovisual & Culture Execu. http://eacea.ec.europa.eu/index_en.php (13. Juli 2013).

Eurodistrict Regio Pamina: http://www.eurodistrict-regio-pamina.com/pamina/ (13. Juli 2013).

Europäische Charta der kommunalen Selbstverwaltung, Straßburg 15. Oktober 1985. http://conventions.coe.int/treaty/ger/Treaties/Html/122.htm (1. Juni 2013).

Eurostat: Europäische Kommission – Eurostat: http://epp.eurostat.ec.europa.eu/portal/ page/portal/eurostat/home/ (13. Juli 2013).

Haensch, Günther/Tümmers, Hans J.: Frankreich: Politik, Gesellschaft, Wirtschaft. 3. Auflage, Beck, München, 1998.

Hesse, Joachim Jens/Ellwein, Thomas: Das Regierungssystem der Bundesrepublik Deutschland. 10. Auflage, Nomos, Baden-Baden, 2012.

Hesse, Konrad: Grundzüge des Verfassungsrechts der Bundesrepublik Deutschland. 20. Auflage. Müller, Heidelberg, 1999.

Hübner, Ulrich/Constantinesco, Vlad: Einführung in das französiche Recht – 4. Auflage. Schriftenreihe der Juristischen Schulung; Band 16. Beck, München, 2001.

Hofstetter. Eric: Présentation bilan financier du projet „Extension et restructuration Espace Sports „La Foret““, 12. September 2007.

IHK Saarland: Industrie- und Handelskammer des Saarlandes. www.saarland.ihk.de/ (13. Juli 2013).

INFOREGIO: Europäische Kommission – Regionalpolitik. http://ec.europa.eu/regional_ policy/index_de.cfm (13. Juli 2013).

Kern, Claude/Hofstetter, Eric: Expertengespräch am 23. Mai 2013.

Kißner, Michael: Kleine Geschichte des Landes Rheinland-Pfalz 1945-2006 – Wege zur Integration eines Nachkriegsbundeslandes. G. Braun Buchverlag, Karlsruhe, 2006.

Kommunalbrevier Rheinland-Pfalz: Herausgegeben von den kommunalen Spitzenverbänden Gemeinde- und Städtebund, Landkreistag und Städtetag. Rechtsstand Mai 2009. Verlagsservice Metz, Bodenheim, 2009.

Kuhlmann, Sabine: Dezentralisierung in Frankreich – Ende der "Unteilbaren Republik"? in dms – der moderne staat – Zeitschrift für Public Policy, Recht und Management Heft 1/2008, Seiten 201 - 220.

Kuhlmann, Sabine: Politik- und Verwaltungsreform in Kontinentaleuropa – Subnationaler Institutionenwandel im deutsch-französischen Vergleich. In der Reihe Staatslehre und politische Verantwortung Band 14, Hrsg. Benz, Arthur/Grande, Edgar/Prätorius, Rainer. Nomos Verlagsgesellschaft, Baden Baden, 2009.

Kuhlmann, Sabine und andere: Dezentralisierung des Staates in Europa – Auswirkungen auf die kommunale Aufgabenerfüllung in Deutschland, Frankreich und Großbritannien. Stadtforschung aktuell, Band 117 herausgegeben von Hellmut Wollmann. VS Verlag für Sozialwissenschaften, Wiesbaden, 2011.

INSEE: Institut national de la statistique et des études économiques – Mesurer pur comprende. http://insee.fr/fr (13.Juli 2013).

Landeswahlleiter Rheinland-Pfalz: Kommunalwahl in Rheinland-Pfalz am 13. Juni 2004 – Auswertung des Wählerverhaltens. Bad Ems, 2008.

Landeszentrale für politische Bildung Rheinland-Pfalz: Rheinland-Pfalz – Unser Land im Überblick. 2. Auflage, Mainz, 2009.

Landkreis Kusel: Wirtschaftsservicebüro Landkreis Kusel. www.wsb-landkreis-kusel.de/ (13. Juli 2013).

Leitermann, Walter: Die kommunale Dimension des Vertrages von Lissabon: Reformvertrag stärkt Rechte der Kommunen. In Europa kommunal – Europäische Zeitschrift für Rat, Verwaltung und Wirtschaft, Heft 6 2009, Hrsg. Rat der Gemeinden und Regionen Europas – Deutsche Sektion, Köln, 2009.

Lukas, Helmut: Rechtliche Kontrolle von Ratsbeschlüssen - in Kommunalbrevier 2009, Seiten 694 - 724. Hrsg. Kommunale Spitzenverbände Rheinland-Pfalz, Verlagsservice Stephan Metz, Bodenheim, 2009.

Müller, Walter/Meffert, Horst: „Wer bestellt, der bezahlt!" Die Einführung des Konnexitätsprinzips in Rheinland-Pfalz. Der Gemeindehaushalt 6/2006, Seiten 121 – 126, Hrsg. Deutscher Landkreistag, Deutscher Städtetag, Deutscher Städte- und Gemeindebund. Verlag W. Kohlhammer GmbH, Stuttgart, 2006.

MWKEL: Ministerium für Wirtschaft, Klimaschutz, Energie und Landesplanung, Rheinland-Pfalz. www.mwkel.rlp.de (13. Juli 2013).

Pfalz: Das Portal für die Pfalz. http://www.pfalz.de/ (13. Juli 2013).

Philip, Oliver: Analysen und Betrachtungen – Institutionen: der Präfekt. In Frankreich-Info, Herausgegeben von der Französischen Botschaft, Berlin, Juni 2001. http://www.ambafrance-de.org/spip.php?recherche=pr%C3%A4fekt&Submit=Ok&id_secteur=1&page=recherche (9. Juli 2013).

Pieroth, Bode/Schlink, Bernhard: Grundrechte – Staatsrecht II – 15. Auflage. Müller, Heidelberg, 1999.

Pütz, Christine: Wahlen und Parteien. In Informationen zur politischen Bildung: Frankreich (Heft 285), Herausgeber Bundeszentrale für politische Bildung, 2005. http://www.bpb.de/izpb/9130/charakteristika-des-politischen-systems?p=0 (8. Juli 2013).

Rheinland-Pfalz – Die Landesregierung: http://www.rlp.de/ (13. Juli 2013).

RGRE: Rat der Gemeinden und Regionen Europas – Deutsche Sektion. http://www.rgre.de/ (13. Juli 2013).

Saarland: http://www.saarland.de/ (16. Juli 2013).

Schade, Peter: Grundgesetz mit Kommentierung – 4. Auflage. Walhalla, Regensburg, Bonn, 1997.

Schunk, Peter: Geschichte Frankreichs – Von Heinrich IV. bis zur Gegenwart. Piper, München 1994.

SCOTER: Syndicat mixte pour le SCOT de la Région de Strasbourg. http://www.scoters.org/ (13. Juli 2013).

Statistisches Landesamt Rheinland-Pfalz: Mein Rheinland-Pfalz. http://www.infothek.statistik.rlp.de/neu/MeineHeimat/detailinfo.aspx ?id=3152&key=07&topic=8191&l=0 (13. Juli 2013).

Steger, Christian O.: Interkommunale Zusammenarbeit der kleinen Städte und Gemeinden in Europa. Redemanuskript bei der Konferenz des Europäischen Netzwerkes der kleineren Städte – KGSE am 30.06.2011 in Riva del Garda.

Stubenrauch, Hubert: Städte, Landkreise, Verbandsgemeinde und Gemeinden - Das Rheinland-Pfälzische Kommunalsystem im Überblick. Hrsg. Landeszentrale für politische Bildung Rheinland-Pfalz, Mainz, 2011.

Süddeutsche Zeitung: Gesetz gegen Ämterhäufung, AFP. 6./7. Juli 2013, Nr. 154.

Thielmann, Gerd: Vergaberecht (VOB, VOL, VOF) und kommunale Auftragsvergabe – in Kommunalbrevier 2009, Seiten 815 – 827. Hrsg. Kommunale Spitzenverbände Rheinland-Pfalz, Verlagsservice Stephan Metz, Bodenheim, 2009.

Verfassungsgerichtshof Rheinland-Pfalz: VGH N 3/11 verkündet am 14. Februar 2012. Urteil in dem Normenkontrollverfahren betreffend einzelner Vorschriften des Landesfinanzausgleichsgesetzes in Verbindung mit dem Landeshaushaltsgesetz und den Ansätzen für die Finanzausgleichsmasse im Haushaltsplan für das Jahr 2007.

Vogel, Wolfram. Frankreich – Charakteristika des politischen Systems. In Informationen zur politischen Bildung: Frankreich (Heft 285), Herausgeber Bundeszentrale für politische Bildung, 2005.

http://www.bpb.de/izpb/9130/charak
teristika-des-politischen-systems?p=0 (8. Juli 2013).

Wegener, Alexander/Arbeit, Ute: Regionalisierungstendenzen in europäischen Staaten, Studie im Auftrag der Bertelsmann Stiftung. Interpublic berlin, 2006.

Weis, Josef: Expertengespräche im Mai und letztmals am 12. Juli 2013.

[i] Vgl. Dr. Hartmut H. Gimmler bei seiner Begrüßung im Rahmen der Eröffnungsveranstaltung des Fernstudienganges Europäisches Verwaltungsmanagement am Studienstandort Saarbrücken am 1. Oktober 2010.

[ii] Europäische Charta der Kommunalen Selbstverwaltung SEV-Nr.: 122, Straßburg 15.10.1985.
http://conventions.coe.int/Treaty/Commun/QueVoulezVous.asp?NT=122&CM=1&CL=GER (26. Juni 2013).

[iii] Der Europarat ist nicht zu verwechseln mit dem Europäischen Rat oder dem Rat der Europäischen Union. Der Europarat umfasst 47 Staaten und wurde am 5. Mai 1949 in London gegründete, um den wirtschaftlichen und sozialen Fortschritt zu fördern.

[iv] Vgl. Artikel 8 Absatz 2 der Europäische Charta der kommunalen Selbstverwaltung.

[v] Vgl. Lukas (2009: 715f).

[vi] Vgl. Leitermann (2009: 4).

[vii] Vgl. Committee of Regions – Tätigkeiten des AdR
http://cor.europa.eu/de/activities/Pages/work-of-the-cor.aspx (25. Juni 2013).

[viii] Vgl. Hesse/Ellwein (2012: 188).

[ix] Vgl. Committee of the Regions: http://cor.europa.eu/de/about/Pages/key-facts.aspx (25. Juni 2013).

[x] Vgl. EACEA: http://eacea.ec.europa.eu/citizenship/index_de.php (25. Juni 2013).

[xi] Vgl.CCRE: http://www.ccre.org/en/page/3 und für die Deutsche Sektion: http://www.rgre.de/ (25. Juni 2013)

[xii] Vgl. RGRE: http://www.rgre.de/kez.html (25. Juni 2013).

[xiii] Vgl. DStGB,
http://www.dstgb.de/dstgb/Schwerpunkte/Europa/Aktuelles/Konf%C3%B6deration%20der%20Gemeinden%20und%20St%C3%A4dte%20Europas%20(KGSE)/ (14. Juni 2013).

[xiv] Vgl. ADD, http://www.add.rlp.de/Kommunale-und-hoheitliche-Aufgaben,-Soziales/Binnenmarkt-Informationssystem-IMI/ (14. Juni 2013).

[xv] Grundlage für die folgenden Ausführungen ist die Übersetzung des Sprachendienstes des Deutschen Bundestages der Verfassung Frankreichs vom 4. Oktober 1958 in der Neufassung mit den vom französischen Kongress am 21. Juli 2009 angenommenen Verfassungsänderungen. http://www.assemblee-nationale.fr/deutsch/8cb.asp (26. Juni 2013).

[xvi] Vgl. Kuhlmann (2008: 206).

[xvii] Vgl. Hübner/Constantinesco (2001: 3f).

[xviii] Vgl. Hübner/Constantinesco (2001: 6).

[xix] Vgl. Vogel (2005: 3).

[xx] Vgl. Kuhlmann (2008: 205).

[xxi] die Zahl der Gemeinden in Frankreich ist in der Literatur nicht eindeutig. Hier ist die Zahl aus der amtlichen Statistik zum 31.12.2012 angeführt.

[xxii] Vgl. Hübner/Constantinesco (2001: 82).

[xxiii] Vgl. Ambafrance, www.ambafrance-de.org/Dezentralisierung (18. Juni 2013) und Schunk (1994: 630f).

[xxiv] Vgl. Schade (1997: 11) und Pieroth/Schlink (1999: 6f).

[xxv] Vgl. Schade (1997: 74f).

[xxvi] Vgl. Hesse (1999: 35).

xxvii Vgl. DESTATIS:
https://www.destatis.de/SiteGlobals/Forms/Suche/Solr/FacetLinks_Formular.html?res
ourceId=43244&input_=177590&pageLocale=DE&csrftoken=B1CF8B7A5124AA36356
C01A7F59EE9BB&searchUrl=http%3A%2F%2Fwww.destatis.de%2FDE%2FMeta%2F
Suche%2FSuche.html&cms_facet=cl2Categories_Themen%3ARegionales&dateOfIssue=
ALL&dateOfIssueStart=&dateOfIssueEnd , Stand 31.12.2011. (13. Juli 2013).

xxviii Vgl. Hesse (1999: 202f).

xxix Vgl. Schade (1997: 90).

xxx Vgl. Hesse/Ellwein (2012: 199).

xxxi Vgl. Kuhlmann u.a. (2011: 30).

xxxii Vgl. Schad (1997: 142).

xxxiii Vgl. Hesse/Ellwein (2012: 209f).

xxxiv Vgl. Kißener (2006: 56).

xxxv Vgl. Müller/Meffert (2006: 123).

xxxvi Vgl. Statistisches Landesamt, Stand 31.12.2011.

xxxvii Vgl. DESTATIS, Stand 30.6.2012 auf Grundlage des Zensus 2011
https://www.destatis.de/DE/ZahlenFakten/GesellschaftStaat/Bevoelkerung/Bevoelkeru
ngs-
stand/Tabellen/Zensus_Geschlecht_Staatsangehoerigkeit.html;jsessionid=29527E3610C9
0FE214C1AD39D0EDF790.cae2 (8. Juli 2013).

xxxviii Eigene Darstellung. Vgl. Eurostat. Stand 2011.
http://epp.eurostat.ec.europa.eu/portal/page/portal/population/data/main_tables (8. Juli 2013).

xxxix Vgl. Statistisches Landesamt, Stand 31. Dezember 2012.
http://www.statistik.rlp.de/no_cache/staat-und-gesellschaft/ (8. Juli 2013).

xl Vgl. Pfalz. http://www.pfalz.de/startseite/die-pfalz-in-zahlen (8. Juli 2013).

xli Vgl. Insee, Stand 1. Januar 2012.
http://www.insee.fr/fr/themes/tableau.asp?reg_id=15&ref_id=poptc02101 (8. Juli
2013).

xlii Eigene Darstellung

xliii Vgl. Landkreis Kusel, Stand 30.06.2012. http://www.wsb-landkreis-
kusel.de/index.php?id=151 (8. Juli 2013).

xliv Vgl. Conseil Général Bas-Rhin, Stand 2011. http://www.bas-rhin.fr/le-
departement/chiffres-cles/situation-financiere-communes-et-epci (8. Juli 2013).

xlv Eigene Darstellung

xlvi Vgl. Statistisches Landesamt Rheinland-Pfalz – Meine Heimat, Stand 31.12.2012.
http://www.infothek.statistik.rlp.de/neu/MeineHeimat/detailInfo.aspx?topic=3&ID=35
37&key=0733605092&l=3 (8. Juli 2013).

xlvii Vgl. Insee, Stand 2009.
http://www.insee.fr/fr/methodes/nomenclatures/cog/fichecommunale.asp?codedep=67
&codecom=169 (8. Juli 2013).

xlviii ADD = Aufsichts- und Dienstleistungsdirektion, SGD = Struktur- und Genehmigungsdirektion.

xlix Eigene Darstellung

l Vgl. Steger (2011: 3f).

li Vgl. Eurostat,
http://epp.eurostat.ec.europa.eu/portal/page/portal/nuts_nomenclature/local_administr
ative_units (6. Juli 2013).

lii   Die größte kreisfreie Stadt in Rheinland-Pfalz ist Mainz mit 199.237 Einwohnern und die kleinste ist Zweibrücken mit 33.944 Einwohnern.

liii   Die kleinste Ortsgemeinde in Rheinland-Pfalz ist Dierfeld im Landkreis Bernkastel-Wittlich mit acht Einwohnern, die größte ist die Stadt Konz mit 17.574 Einwohnern.

liv   Vgl. Stubenrauch (2011: 6-10).

lv   Vgl. Kuhlmann (2008: 204f).

lvi   **Vgl. Eurostat, http://epp.eurostat.ec.europa.eu/portal/page/portal/nuts_nomenclature/local_administrative_units (6. Juli 2013).**

lvii   Im Zuge der gegenwärtig in Rheinland-Pfalz stattfindenden Kommunal- und Gebietsreform sind bisher zwei Verbandsgemeinden aufgelöst worden.

lviii Vgl. Kuhlmann u.a. (2011: 23).

lix   Vgl. Kuhlmann (2009: 91), Wegener/Arbeit (2006: 9f) und Insee . http://www.insee.fr/fr/methodes/default.asp?page=definitions/liste-definitions.htm (9. Juli 2013).

lx   Nomenclature des unités territoriales statistiques ‚Systematik der Gebietseinheiten für die Statistik

lxi   Vgl. Europäische Kommission-Eurostat, http://epp.eurostat.ec.europa.eu/portal/page/portal/nuts_nomenclature/principles_characteristics (6. Juli 2013).

lxii   Vgl. § 1 und 2 der Landkreisordnung.

lxiii Vgl. Kuhlmann u.a. (2011: 25).

lxiv   Vgl. Ambafrance, http://www.ambafrance-de.org/Departements (9. Juli 2013).

lxv   Vgl. Kuhlmann (2008: 205).

lxvi   Vgl. Conseil General Bas-Rhin http://de.bas-rhin.eu/der-conseil-general/aufgaben-und-funktionen-conseil-general/die-departementsversammlung-frz-assemblee-departementale/die-kompetenzen-conseil-general (4. Juni 2013).

lxvii Vgl. Kuhlmann u.a. (2011: 22).

lxviii Vgl. Eurostat, http://epp.eurostat.ec.europa.eu/portal/page/portal/nuts_nomenclature/correspondence_tables/national_structures_eu (6. Juli 2013).

lxix   Rechtsgrundlage ist die Bezirksordnung für den Bezirksverband Pfalz aus dem Jahre 1994.

lxx   Vgl. Vogel (2005: 3).

lxxi   Vgl. Ambafrance. http://www.ambafrance-de.org/Regionen (9. Juli 2013).

lxxii Vgl. Kuhlmann (2008: 205).

lxxiii Vgl. Landeszentrale für politische Bildung (2009: 49).

lxxiv Vgl. Kuhlmann u.a. (2011: 23).

lxxv   Vgl. Haensch/Tümmers (1998: 235).

lxxvi Vgl. Landeszentrale für politische Bildung (2009: 49).

lxxvii Vgl. Kuhlmann (2008: 205).

lxxviii Vgl. Philip (2001: 4).

lxxix Vgl. Rheinland-Pfalz – Die Landesregierung. http://www.rlp.de/verwaltung/behoerdenverzeichnis/landesbehoerden-und-institutionen/oberste-landesbehoerden/?Fsize=1%253D1 (9. Juli 2013).

lxxx   Vgl. Philip (2001: 6).

lxxxi Vgl. Ambafrance. http://www.ambafrance-de.org/Wahlen-und-Wahlverfahren (9. Juli 2013).

lxxxii Vgl. Bundeswahlleiter, http://www.bundeswahlleiter.de/de/glossar/texte/Wahlkreise.html (7. Juni 2013).

lxxxiii Vgl. BpB. http://www.bpb.de/politik/wahlen/wahl-o-mat/45574/fakten-zur-wahl (15. Juli 2013).

lxxxiv Vgl. MWKEL, http://www.mwkel.rlp.de/Landesplanung/Strukturen-der-Planung/Planungsebenen-in-Rheinland-Pfalz/ (5. Juni 2013).

lxxxv Vgl. SCOTER, http://www.scoters.org/ (5. Juni 2013).

lxxxvi Vgl. Kuhlmann u.a. (2011: 159).

lxxxvii Vgl. Eurodistrict Regio Pamina, http://www.eurodistrict-regio-pamina.eu/pamina/spip.php?article508 (5. Juni 2013).

lxxxviii Vgl. Saarland. http://www.saarland.de/75356.htm (16. Juli 2013).

lxxxix Vgl. Landeswahlleiter Rheinland-Pfalz (2008: 21ff).

xc Ambafrance. http://www.ambafrance-de.org/Wahlen-und-Wahlverfahren#kommmunal (7. Juli 2013).

xci Vgl. Kommunalbrevier Rheinland-Pfalz (2009: 22f) und ambafrance http://www.ambafrance-de.org/Wahlen-und-Wahlverfahren#kommmunal (7. Juli 2013).

xcii Vgl. Ambafrance. http://www.ambafrance-de.org/Dezentralisierung (6. Juli 2013).

xciii Vgl. Kommunalbrevier Rheinland-Pfalz (2009: 22f).

xciv Vgl. Paragrafen 29, 52 und 53 der Gemeindeordnung Rheinland-Pfalz.

xcv Vgl. Expertengespräch Kern/Hofstetter

xcvi Kuhlmann (2008: 212).

xcvii Vgl. Paragrafen 22, 41, 45 und 46 der Landkreisordnung von Rheinland-Pfalz.

xcviii Vgl. Ambafrance. http://www.ambafrance-de.org/Wahlen-und-Wahlverfahren#generalrat (9. Juli 2013).

xcix Vgl. Paragrafen 4, 5 und 10 der Bezirksordnung für den Bezirksverband Pfalz.

c Vgl. Ambafrance. http://www.ambafrance-de.org/Wahlen-und-Wahlverfahren#regionalrat (9. Juli 2013).

ci Vgl. Pütz (2005: 6).

cii Vgl. Ambafrance. http://www.ambafrance-de.org/Wahlen-und-Wahlverfahren#regionalrat (9. Juli 2013).

ciii Vgl. Ambafrance. http://www.ambafrance-de.org/Wahlen-und-Wahlverfahren#regionalrat (9. Juli 2013).

civ Vgl. Vogel (2005: 2f).

cv Vgl. Ambafrance. http://www.ambafrance-de.org/Wahlen-und-Wahlverfahren#regionalrat (9. Juli 2013).

cvi Vgl. Landeszentrale für politische Bildung (2009: 41) und Bundestag.de http://www.bundestag.de/bundestag/wahlen/abg_wahl.html (9. Juli 2013).

cvii Vgl. Ambafrance. http://www.ambafrance-de.org/Wahlen-und-Wahlverfahren#ep (14. Juli 2013).

cviii Vgl. Bundeswahlleiter. http://www.bundeswahlleiter.de/de/europawahlen/ (14. Juli 2013).

cix Vgl. Süddeutsche Zeitung „Wahlrecht für Europawahl – Bundestag beschließt Drei-Prozent-Hürde" vom 14. Juni 2013.

cx Vgl. Kuhlmann (2008: 208).

cxi Vgl. Kuhlmann u.a. (2011: 157f und 177).

cxii Vgl. Wegener/Arbeit (2006: 9) und Süddeutsche Zeitung (2013: 10).

cxiii Vgl. Wahlrecht. http://www.wahlrecht.de/landtage/rheinland-pfalz.htm#sitzzuteilungsverfahren (7. Juli 2013).

[cxiv] Vgl. Urteil des Verfassungsgerichtshofes Rheinland-Pfalz vom 14. Februar 2012.

[cxv] Vgl. Stubenrauch (2011: 5).

[cxvi] Vgl. Bezirksverband Pfalz http://www.bv-pfalz.de/ueber-uns/einrichtungen-beteiligungen/ (13. Juli 2013).

[cxvii] Vgl. Bezirksverband Pfalz. http://www.bv-pfalz.de/ueber-uns/geschichte/ (10. Juli 2013).

[cxviii] Vgl. Urteil des Verfassungsgerichtshofes Rheinland-Pfalz vom 14. Februar 2012.

[cxix] Eigene Darstellung

[cxx] Eigene Darstellung

[cxxi] Vgl. Ringerclub Gries/Elsass. http://www.luttesagries.com/ (8. Juni 2013).

[cxxii] Vgl. Basketball Verein Gries/Elsass. http://www.bcgo.net/ (8. Juni 2013).

[cxxiii] Vgl. Regionaler Raumordnungsplan Westpfalz IV der Planungsgemeinschaft Westpfalz vom 16. August 2012.

[cxxiv] Vgl. Ratsinformationssystem der Verbandsgemeinde Schönenberg-Kübelberg. http://www.ratsinformation-vgsk.de/sk/checklogin.asp (10. Juli 2012).

[cxxv] Vgl. Thielmann (2009: 815).

[cxxvi] Vgl. IHK Saarland. http://www.saarland.ihk.de/ihk-saaland/Integrale?SID=857A03BBFAD09460F254D187889DCFBC&MODULE=Frontend&ACTION=ViewPage&Page.PK=1300 (11. Juli 2013).

[cxxvii] Vgl. Adam (1995: 101).

[cxxviii] Vgl. Ambafrance. http://www.ambafrance-de.org/Deutschland-und-Frankreich-im (11. Juli 2013).

[cxxix] Vgl. Experentgespräch.

[cxxx] Vgl. Operationelles Programm Rheinland-Pfalz. http://efre.rlp.de/der-efre/ (10. Juli 2013).

[cxxxi] Vgl. INFOREGIO. http://ec.europa.eu/regional_policy/country/prordn/details_new.cfm?gv_PAY=FR&gv_reg=ALL&gv_PGM=1326&LAN=4&gv_PER=2&gv_defL=7 (10. Juli 2013).

[cxxxii] Eigene Darstellung. Vgl. Operationelles Programm Rheinland-Pfalz. http://efre.rlp.de/der-efre/ (10. Juli 2013) und Europäische Kommission Regionalpolitik – INFOREGIO. http://ec.europa.eu/regional_policy/country/prordn/details_new.cfm?gv_PAY=FR&gv_reg=ALL&gv_PGM=1326&LAN=4&gv_PER=2&gv_defL=7 (10. Juli 2013).

[cxxxiii] Vgl. Kuhlmann u.a. (2011: 33).

[cxxxiv] Vgl. § 69 Abs. 1 GemO i.V.m. § 42 GemO.

[cxxxv] Vgl. § 68 Abs. 4 GemO.

[cxxxvi] Vgl BpB. http://www.bpb.de/politik/wahlen/bundestagswahlen/62529/wahlsysteme-im-vergleich?p=all (13. Juni 2013).

[cxxxvii] Eigene Darstellung